倾听医者仁心

好好变美

整形美容医生手记

A Plastic Surgeon's
Notes

By
Guo Ziyi

郭子懿 著

浙江科学技术出版社·杭州

版权所有　侵权必究

本书中文简体版由北京行距文化传播有限公司授权浙江科学技术出版社有限公司在中国大陆地区(不包括香港、澳门、台湾地区)独家出版、发行。

图书在版编目（CIP）数据

好好变美：整形美容医生手记 / 郭子懿著. -- 杭州：浙江科学技术出版社，2025.8. -- ISBN 978-7-5739-1821-5

Ⅰ.R622-49

中国国家版本馆CIP数据核字第2025WP1693号

书　　名	好好变美：整形美容医生手记		
著　　者	郭子懿		
出版发行	浙江科学技术出版社 地址：杭州市拱墅区环城北路177号　邮政编码：310006 办公室电话：0571-85176593 销售部电话：0571-85062597 E-mail：zkpress@zkpress.com		
排　　版	杭州兴邦电子印务有限公司		
印　　刷	杭州捷派印务有限公司		
开　　本	880 mm × 1230 mm　1/32	印　张	9.125
字　　数	179千字		
版　　次	2025年8月第1版	印　次	2025年8月第1次印刷
书　　号	ISBN 978-7-5739-1821-5	定　价	68.00元

责任编辑　刘　雪　唐　玲	**责任校对**　李亚学
责任美编　金　晖	**责任印务**　吕　琰
文字编辑　刘映雪	**特约编辑**　杨运洋

如发现印、装问题，请与承印厂联系。电话：0571-56798200

推荐序一
以匠心守仁术，以笃行致医道

初得此书，感慨良多。当年郭医生，也就是小郭医生的父亲在整复外科学习时，和如今的小郭医生年龄相仿。而当时的小郭医生，还只是个小学生。想来，这段缘起，已有几十载。

遥想当年，郭医生就是一个勤勉认真的人。偶然我翻到他的笔记，惊异于这个年轻人的笔记中夹杂着许多解剖素描，其绘画之精细与笔记之用心让我至今记忆深刻。我曾开玩笑，说郭医生的笔记把上海九院①的精华都吸收了，未承想，这些记忆已有数十载。不免惊叹时间之飞逝，五味杂陈。年初，郭医生携小郭医生来访，还带来了小郭医生新作。小郭医生的真诚与勤勉颇有其父之风范，作品兼具细腻、深入的思索与反省，让我们得以一窥新一代整形外科医生的心路历程。

医道之本：技术为骨，人文为魂

书中反复强调"医美首先是医疗行为"，此言契合我心。

---

①上海交通大学医学院附属第九人民医院。

二十世纪七十年代，我初入上海九院整复外科时，中国医美行业尚在襁褓。彼时整复外科手术以烧伤修复、先天畸形矫正为主，每一台手术皆是患者的生死之托。而今，行业繁花似锦，但若背离"医疗"这一根基，所有技术创新终将沦为无本之木。作者以奥美定注射致溃烂、玻尿酸栓塞致失明等案例，直指行业浮躁之弊，令人警醒。

然医学绝非冰冷的技术堆砌。书中那位因上睑下垂而自卑的小女孩萱萱，历经两次手术终获新生；那位因黄褐斑深陷焦虑的教师顾丽，在医者引导下学会与自己和解。这些故事让我看到，整形外科的终极使命，是让残缺者重获尊严，让迷失者寻回自信。正如我在显微外科实践中感悟到的：手术刀能修复创面，唯仁心可治愈灵魂。

行业之鉴：繁华之下，尤需慎独

忆往昔，我与张涤生院士等前辈创立上海九院整复外科时，设备简陋，初心却如磐。我们首创足趾移植重建手指、前臂逆行皮瓣修复创面等技术，每一项突破皆以患者福祉为圭臬。反观今日，资本裹挟下的医美市场，"网红审美"甚嚣尘上，"七天速成医生"屡见不鲜。书中对莆田系乱象的揭露、对咨询师越俎代庖的批判，恰似一记重锤，叩问行业良知。

我常告诫学生：私立机构的繁荣本可为技术普惠助力，但若将利益凌驾于伦理之上，便是医学的堕落。作者提出"医患共同修炼"之理念，深得我心——唯有医生坚守底线、患者理性认知，方能打破"营销神话"的桎梏，重塑行业信任。

医者之修：刀锋之上，以敬畏立身

作者在书中自述因盲目自信导致患者烫伤的往事，这令我忆起早年一例足背皮瓣手术。彼时，我因细微操作失误，险些让患者丧失足部功能。那次教训让我彻悟：外科医生的成长，必以失败为阶梯，以敬畏为铠甲。正如书中所言，"行医是一场修行"，技术的精进仅是入门，而真正的修行在于对生命的敬畏。

我毕生致力于面瘫修复，深知整形外科医生的如履薄冰——既要雕琢外在容貌之美，更须守护神经血管之微。书中脂肪栓塞致死的案例，字字泣血。这让我想起我在二十世纪九十年代首创的一期肌瓣移植重建面神经技术——唯有将每根神经视为艺术品般呵护，方能赋予患者真正的笑容。

未来之望：理性启蒙，薪火相传

本书最可贵之处，在于其具有公众启蒙价值。作者以通俗的笔触解析肉毒毒素原理、激光治疗风险，更以"选择医生的三个原则"为求美者筑起安全屏障。在信息芜杂的时代，这种科学普及恰似暗夜明灯。

然医患信任的建立，需双向奔赴。我曾主导《整形外科学》的编纂，力求将复杂术式化为严谨文字；而本书则以故事为舟，载读者穿越医学迷雾。二者异曲同工，皆在传递同一信念：医学的进步，离不开患者的知情与参与。

结语：传承与新生

合卷长思，我仿佛看见中国整形外科的精神血脉在此书中延续。从上海九院老一辈的拓荒之勇，到年轻一代的自省之智，行业的光明源于对初心的坚守。作者郭子懿以"修行"诠释医道，以"修炼"定义求美，恰是对张涤生院士"整形外科是医学与艺术结合"理念的当代回应。

末了，谨以拙诗共勉：

> 刀锋游走千钧重，
> 仁心化雨万物生。
> 莫问浮华遮望眼，
> 且持敬畏筑长城。

愿此书成为行业清流，愿每位医者永怀赤子之心。

王 炜

上海交通大学医学院附属第九人民医院整复外科终身教授

2025年春于上海九院显微外科实验室

推荐序二
给作者的一封信

子懿：

咱俩认识整整三十五年了，我很少一对一叫你这个名字，感觉不太适应，但还是这样写了，权当体谅读者吧。

刚开始，你说自己在写科里的故事，在写关于整形的科普，我以为又是心血来潮的小打小闹。过去你经常这样，忽而兴致高涨全情投入，忽而弃之如敝屣。作为父亲，我一度担心你会一直如此，可这次不同。

这次真的不同。你每写完一篇就给我看看，就像你小时候写作文那样。你这孩子擅长写作，这我早就知道。但这些跌宕起伏的故事、点滴之中的温情，还有一个年轻医生时而怅惘时而自得的心路历程，仍然让我吃惊。感觉当年让你学医，似乎没有做错。

说起这个，不知你有没有怪过我。我不记得自己有没有当面问过你，可有一次我们一起做手术，顺利结束后，你随口说了一句：做医生挺不错的。那时我就大概知道了答案。

你会怪我吧，学医并不容易；你也会感激我吧，医学会让你沉醉。

我没想到你会选整形，误打误撞走入这个方兴未艾而又鱼龙混杂的领域。我曾经目睹你的迷茫。还记得吗？有一次你说不想干这个了，要转别的科。现在看来，或许是故事中写到的肉毒注射或者射频让你心生退意。

那时的我其实不知道你正在经历这些。在我面前，你总是报喜不报忧，一贯如此。

但我知道，那时的你想救死扶伤，想做一个"正儿八经"的医生，比如到神经外科、心脏外科去；你想与病魔战斗，救患者于颓唐之际、死生之间；你想继续过实习时那样的生活，忙碌却满腔激情，疲惫却能战天斗地。

我不知整形的未来会如何，我只知道这个行业的曾经。

早年我在上海九院进修，那时候你还小，我们都不曾想到有朝一日你也会步入这个行业。当时的上海九院，手术还是以整复为主，电脑远未普及，遑论手机，整形外科书籍也是凤毛麟角。在业内泰山北斗王炜教授的每次手术后，我都会画下整幅解剖图，反复揣摩，睡前再一遍遍重温每个手术细节。老一代的条件不比你们，那时，每个机会我们都无比珍惜，以至于有一次王教授看到我的笔记本后还开玩笑，说上海九院的精髓都被我学走了，我要加倍交钱才行。

推荐序二

一晃近三十年，笔记本还在，王炜教授依然硬朗。上次他访厦，还是我们一起接待的，你应该还记得。这三十年里，整形外科如你一般，也发生了巨大变化。

我们从主做烧伤整复，逐渐扩展到整形美容，乃至引入现在流行的微整形及光电治疗，一直在寻求更微创化、更个性化的方案。三十年前，即使只是做个双眼皮或隆鼻，患者也总是躲躲藏藏，羞于承认自己被"动"过，整形机构的门面全躲在旮旯里。而今，各家机构无一不是大张旗鼓，在车水马龙的街道占得最光辉夺目的门面，医美广告牌更是直达小区电梯，整形美容好像已经无处不在，无人不做。

这个世界也许真的变了？

你让我给这本书写推荐序时，我就知道了你的良苦用心。你写这样一本小书，我其实并不意外。你从小就内心柔软、敏感，喜欢站在别人的角度考虑，有时甚至给自己带来许多困扰，然而当你成为一名医生后，这些又似乎变成了优点。你总是希望每一个患者都能充分权衡利弊，希望每场手术都完美无缺，希望每次治疗都卓有成效。

然而很多时候，事实不是这样的。经历了那么多，你也应该深有体会。

看了你写下的每一篇故事、每一个病例后，我才知道，你从多愁善感的小家伙，变成如今稍能独当一面的医生，这一路经历了如此多的波折。说实话，不是每个医生都能坦露这些心声，有时候我也担心，写下这本书会不会对你有不好的影响，但你执意要写，执意要写得真诚，我是钦佩的。

你希望每个患者都能得偿所愿。从你写下的每个字中，我都能看得出这种用心。如果这能让他们少走一些弯路，那也是值得的。

于是我愿意为你写几句话，也想借机跟你说几句心里话，这才有了这封信。

还记得你小时候，我总是叫你"臭儿"，后来，我在心中又无数次感慨，你小子居然也穿上白大褂，站在我身边，认真做起了助手。记得刚开始，你总是走神，那时候莫说你没有信心，我都常常觉得，依你天马行空的风格，或许并不适合做一名医生。还好，你的表现总体可以。

我并不想夸你太多，却又实在感到欣慰，欣慰你并未蜕变得世俗圆滑，欣慰你照旧有些悲天悯人，也欣慰你依然保有热情、充满爱心。

然而我还有很多期许。

我想你更多地投入到手术中，掌握一些复杂的技术，做一名真正无可替代的整形外科医生，做精、做细，无愧于心，无愧于你的时代；我想你更多地沉浸于学术，多看些文献、多发些论文、多做些基础研究，甚至在某些领域引领前沿。

这或许只是我作为父亲的奢望，你不必有太大压力。但至少，我想你能保持初心，继续善良、真诚下去，像你爷爷说的，做一名好医生。

我不知道整形的未来，我只知道这个行业的曾经。可因为你，因为你们，我对这个未来有了些许信心。

最后，我想你照顾好身体。

生日快乐，儿子。

你的老爸

郭耐强

退休整形医生

原为厦门大学附属妇女儿童医院整形外科主任

2024年7月18日

目录

001　引子

第一章
行医是一场修行

011　怎样才算好医生
032　峰回一程，路转一程
048　最沉重的失去
063　有的选择决定人生
084　一次本该避免的事故
099　有的选择关乎生命

第二章
求美是一种修炼

115 医美,首先是一种医疗行为

130 你真的了解肉毒毒素吗

148 快乐是最好的医美

166 你是第几个吃螃蟹的

175 "胸模"的选择

189 整形,医患双方的共同修炼

第三章
我知道有人还不知道

219 不上医院也能变美

235 如何提高下一代的颜值

244 怎样才能有个好皮肤

253 问答:或许你也有这样的疑问

267 后记

273 好好变美知识地图

引 子

暮色正浓,一天的手术结束。查过房,回到门诊,我坐在办公桌前,不免伸了个大大的懒腰,准备写完最后一份病历,下班回家。

一晃从医已历十年,从一个懵懂无知的实习生,慢慢变得稍有经验,其间经历了无数波折。这个行业也起起落落,甚至一度因为莆田系医院及网络竞价排名,被推上风口浪尖,成为众矢之的——在那段期间,我甚至羞于承认自己是个整形医生,哪怕我在公立医院,哪怕当时根本不知竞价排名为何物。而今,看着整形行业浴火重生,又慢慢恢复应有的生气和活力,我不禁感慨万千。

回顾自己这些年,从走上这条路,到在煎熬中喜欢上这个职业,及至后来全情投入、乐在其中,顿感此中沉浮一如整个行业本身。

我当初之所以选定公立医院,应该从这件事说起……

那时我初出茅庐,甚至还没有定科,正巧在烧伤整形科接受规范化培训。一个下午，同样的暮色中，我也正准备写完最后一份病历就赶紧回家。

记忆中，那是位二十多岁的年轻女子。大概是看到了还有穿着白大褂的医生，她在诊室门口探头探脑，一副欲言又止的样子。

我想她应该是来咨询的，只是见我年轻，不太信任——对医生来说，这种事情极其普遍，简直是"非常正常"。我本想主动询问，却没有开口——诊室隔壁就是计划生育科，经常有患者进了我们诊室劈头就问："这里做无痛人流吗？"我不敢断定这位女子是想来我们科还是去隔壁，看年龄，两者都有可能。

患者最终决定进来。"有医生在吗？"她轻声问。

真是"不把村长当干部"，虽然我还年轻，但好歹穿着白大褂……难道她从我的胸牌看得出我是规培生？

"请问，有什么想咨询的吗？"

女子吞吞吐吐，半响才答："嗯……想请教一下，我三年前做了隆胸，现在好像有些问题，嗯……"

看她如此欲说还休，我心想：莫非又是到什么小诊所做了乱七八糟的手术？在这个科室短短一个月，我已经见到太多这种患者，可仔细看了看她，并没有什么整形失败的迹象。

其实，情况远比我想象的严重。

"我觉得那东西跑到其他地方去了。"

"注射隆胸吗？"

"对！是注射的。"

"是脂肪移植？"

"脂肪移植？好像不是……"女子想了想，"他们没抽我的脂肪啊！"

我沉默了一下，思考如何回答。虽然还不是正经的整形科医生，可对于这个问题，我比谁都了解。

奥美定……我脑袋里飘过这三个字。

心中不由暗骂：狗东西，因为你，老子高中成绩都受了影响，否则也不至于学医——那时候，由于父亲工作的关系，我们家一度被这个产品的相关公司严重骚扰，惶惶不可终日。我本想报考厦门大学生物系，最终因为几分之差无缘该专业，这才学了临床医学。

"是这样的，姑娘，你这是注射隆胸。这种方式，目前只有自体脂肪移植被认为足够安全，也就是说，国家允许。而其他的注射物都有极大风险。现在可以肯定，你是注射材料隆胸，至于当时注射的到底是什么，不好说，需要检查才能知道。不过，有可能是奥美定。注射得多吗？"

"奥美定？奥美定到底是什么？我打了不少呀！"

"简单地说，奥美定是国家曾经允许使用的一种填充材料，很多医疗机构都用过。但是后来曝出它造成了大量医疗事故，主要是移位和组织侵蚀,现在它已经被禁止使用了。已经注射了的,如果相安无事,那就还好,要是真移位了,注射物可能会跑到身体其他地方,那就要赶紧处理了。"

我这么说还是轻的。实际上,奥美定涉及的利益纠葛和灰色故事足够单独写一本书了。很多黑心机构总是拿它来冒充玻尿酸。早在2006年奥美定就被国家药品监督管理局全面禁用,然而取缔之前,约有三十万青年女性接受过奥美定注射整形。如今近二十年过去,奥美定仍可能残留在部分求美者身上,至于其中有多少人在后期做过相应治疗,并没有确切统计。

姑娘有些发愣,不停揉搓着双手。

"医生,我的好像就移位了。"

我打电话给主治医生,对方已经下班,顺口说让我先处理。于是在护士陪同下,我们去了隔壁的检查室。

及至姑娘脱下外套,护士和我都倒吸一口凉气。后背肩胛骨下方赫然出现两团隆起的皮肤,由于一次次被衣服摩擦挤压,已经有些红肿溃烂了。

姑娘转过身,两道柳眉纠结在一起。

"很严重吗,医生?这要怎么办?我想把它们抽出来,可以都抽出来吗?"眼神里满是迷茫和焦虑,"我马上要结婚了!想把它处理掉。"

"要先做一个B超检查,看看具体在什么层次,大部分可以手术取出。"

"好的,好的,那就好,确定可以全部都抽出来吗?"

我很想说可以,然而事实是,我们只能抽出大部分。即使经过刮吸,残留在身体里的"碎片"起码也在10%以上。

"我们会尽量抽出来的,不要太担心。"

姑娘瞪大眼睛,泪水夺眶而出。

我说错什么了吗?她做错什么了吗?

这是我第一次被患者震撼到,那一刻,脑子里全是这种问号。

作为一名医生,我把真实情况告知患者,有错吗?可是,如果这会引起患者的担心呢?

这位姑娘对医学的无知是过错吗?如果是,那这种无知是谁造成的?但患者无知不是正常的吗?如果连患者都得去学习各种专业知识,又要医生何用?

很遗憾地说,虽然医疗行业如今大有发展,但仍处于泥沙俱下的局面,监管不力的确是一个原因,其他原因也有许多。对大众来说,最重要的还是要亲自掌握一些基本常识,从而免受非正规医疗的伤害。

具体到医美领域,最简单、最安全的办法只有:永远不做任何整形手术。

然而问题在于,有些手术不做也无伤大雅,另外一些呢?

比如雀斑、胎记、褐青斑、文身，这些影响容貌的色素沉着或病变，都不去处理吗？再比如鞍鼻、下颏后缩、先天性轻度上睑下垂，这些影响美观的病状，也不做手术吗？或者更进一步，小儿唇腭裂、重度上睑下垂、烧伤瘢痕，这些先天畸形或后天创伤，同样不予理睬吗？

也许，我们应该往后退一步，采用比较简单而又相对安全的方式：如果要做整形，就去三甲医院整形科。

但这样仍然有问题，这种级别的医院数量有限，容量也有限，挂号相当困难。而即使是在三甲医院，有的整形科或烧伤科也只是边缘科室，并不太受重视。

如何确认自己需要整形美容？怎么才能找到合适的整形医生？如何选择合理的方案？手术过程中应该注意什么？

这些问题，于患者而言，可能根本毫无头绪。

总该有人帮他们把这些基本常识梳理出来。

朋友一再怂恿我：写吧写吧，把你知道的知识都写出来；写吧写吧，把你给我们讲过的故事都写出来。

好吧，那我就写，反正有很多话我实在不吐不快，反正我在工作间隙已经记录了不少心得和病例。明知人微言轻、力量有限，那也让我任性地写吧，哪怕能拉回一个即将走进黑诊所的人呢。

对于那些自感存在医美需求的人，我不敢奢望这本小书能有多大帮助，只是希望读者在面对一派繁荣而又良莠不齐的医美市场时，能在一定程度上获得一些启发——最起码，在他们合卷之时，能感叹一句：哦，原来医美是这样的！

第一章

行医是一场修行

怎样才算好医生

有个医学术语叫"脂肪栓塞",大概意思是指脂肪误入血管,导致血流阻断,从而给受阻血管所在的组织带来损伤。这听起来似乎没有多么可怕,却是很多医生的梦魇。对于任何一个科室,脂肪栓塞都是很棘手的事情,尤其是重要组织器官的栓塞。

对于患者,则意味着极度的危险。

我父亲也是整形外科医生,而且属于中国资历最深的那一批。我刚进入这个行业时,他和我说得最多的话就是:"你还年轻,先别碰脂肪。"然后总是不忘补充一句:"注射玻尿酸,一定一定要记得反吸。"

这两句话有共同的潜台词:必须注意避免血管栓塞。

时过经年,言犹在耳。一路看过不少在整形科发生的医疗事故,正如我爸所言,最重大的,基本都是由看起来不甚起眼的脂肪或玻尿酸注射引起的。

一

我第一次认识到整形可能给患者造成重大伤害,是在接受规范化培训的第一年。

那是一个上午,正值大暑,手术室里所有空调都开足了冷气,以至于医生们一出手术室,眼镜片就会被雾气糊住。于是在能见度几乎为零的情况下被家属包围,一个个晕头转向地找不到出路。

上午十点半,科主任做完手术,无暇顾及眼镜,匆匆脱下白大褂,换上正装。

我疑惑:"主任要去开会吗?"话一出口,忽然觉得有些唐突。主任却毫不介意:"嗯,要去做个医疗纠纷调解。"

"哦哦,是怎么回事呀?"

"说是一个患者因为注射导致失明,之前闹过一阵子,现在上了医调委,我一会儿去看看。"

所谓的"医调委",就是医疗纠纷人民调解委员会。一般的医患纠纷在医院层面可以解决,闹到医调委的往往是更麻烦的,如果医调委仍然无法解决,就会上升到诉讼层面。

"视力完全丧失?是玻尿酸注射还是脂肪注射?"

主任来不及回答,只是快步往电梯走去。

"对了,中午要不要给您订饭?"我冲着电梯喊。

"不用……"主任冲我摆手。

第一章　行医是一场修行

电梯关闭，我暗自寻思，看来问题有点儿严重啊。

我那时年轻，除了做手术一助、写病历，还有一堆忙不完的事。科里另有一个年轻医生，聪明伶俐，常常因看不下去而出手帮我，让我莫名感动。

那天下午，忙完手上的活儿已接近下班时间，主任忽然叫护士长通知，下班后要开一个简短的会议。我心中一动，难道跟今天的调解有关？

会议室的投影显示出一个年轻女子的面部照片，虽然是处理过的医用图片，仍然不掩主人面容姣好。

"今天做了鉴定，二十三岁的姑娘，右眼无光感，左眼视力明显下降，矫正视力0.1，视野半径小于15°。"主任给出的数据让人心惊，这个姑娘真的几乎失明了。

"这是最近市里比较严重的一起医疗纠纷……其实已经是第三起类似案例了。"他顿了顿，"谁能分析一下这个事故是怎么引起的？"

主任的视线扫过来，似乎在我头上稍稍停留了一会儿。

我略加寻思，答道："应该是玻尿酸注射进入眼动脉导致了视力丧失。可能是进针时不慎进入血管，因为没有反吸，或者反吸时注射针被玻尿酸堵塞而未见血液，所以继续注射玻尿酸，导致血管栓塞。"我之所以这样猜测，是因为在图片中并未看到脂肪大面积填充的痕迹，而医生在处理小面积凹陷时，通常也比较倾向于用玻尿酸。

"对，甚至视网膜内的动脉也有栓塞。我今天去做调解，这个姑娘说她接受注射后，左眼瞬间失明，目前矫正视力只有0.1。据她描述，当时一瞬间她就感觉自己眼前黑了，但隔了几分钟医生才打溶解酶，那时损伤已经不可逆了。她之后又经历了两次手术，视力都没有恢复。才二十三岁啊……"

主任低头沉吟了一下。

"我本来不想特意跟你们说这些，然而，这种事情在咱们市已经发生三起，再不重视的话，后果会更严重，所以我必须说一说玻尿酸的事情。"

玻尿酸，也叫透明质酸（hyaluronic acid，HA），是人体内天然存在的一种糖胺聚糖，广泛分布于结缔组织、上皮组织和神经组织中，尤其在皮肤、眼睛和关节液中含量较高。它具有极强的吸水能力，可以保持组织的润滑性和弹性。而玻尿酸之所以在医美界家喻户晓，主要因为它还具有抗衰和塑形的作用。

其实人体能够自然生成玻尿酸，尤其是在皮肤的真皮层。然而，随着年龄的增长，人体分泌玻尿酸的能力会逐渐减弱，这也是老化过程中皮肤变得干燥、松弛、皱纹增多的原因之一。因此，外部补充玻尿酸成为一种常见的抗衰老措施。

主任在PPT上列出了国家药品监督管理局认证的玻尿酸产品，进口的和国产的都大约有十种。不过，这个名单是动态的，列出的只是"目前"的认证结果。

"如果用的是正规的玻尿酸，玻尿酸本身没什么问题，那么可能出现的最严重的问题就是血管栓塞！尤其是在做鼻部填充时，玻尿酸很容易通过鼻动脉进入眼动脉，造成永久性失明。"主任又展示了一幅清晰的动脉解剖图。

"但如果是假冒的产品，那后果就没法预测了。郭医生知道，我们上次帮一个患者抽取下颌注射物时，她说之前在美容院做填充用的是玻尿酸。抽出来一看，根本不是。这注射物造成的组织损伤十分严重，患者的整个下颌几乎只剩下皮肤和下颌骨，肌肉组织被侵蚀一空。"

"对这样的患者，我们需要加倍耐心。由于之前的经历，他们对医生已经本能地不再信任，而且长期积累的情绪也容易随时爆发。"主任看了看我，我心领神会——曾经给一个类似的患者手术时，我没忍住，说了句"怎么都不懂保护自己"，差点儿被投诉。

"每次注射玻尿酸时，千万记住，反吸！确保没有扎入血管，才能注射。这不是什么死板的形式化流程，而是至关重要的手法。任何时候都不能因图快而省略，一定要记住，反吸！"

主任讲完，让我们早点儿回家，他自己却站在那里，若有所思。我上前："主任，今天五床患者左眼术后睑结膜有些渗血。"我拿出照片，主任看了看说："没什么问题，过几天会恢复。"

我看到主任仍在思索什么，便问："您刚才还想说什么吧？"

主任拍拍我的肩膀，没说话，走了几步，忽然转身。

"医疗是有风险的，你还年轻，要懂得拒绝，要知道什么能做，什么不能做。"

我默然听着。

"唉，你是没有看到，那个小姑娘有多伤心，一遍一遍地诉说自己的世界突然就一片黑暗了，问我们知不知道那种感觉……在场的所有医生都没敢说话，家属的情绪眼看着就要爆发。"

"……"我还是不知该说什么。

"要做一名好医生啊，小郭。可不要因为一些小的疏忽造成不可挽回的损失，到时候真的无法收场。"可能感觉话题有点儿过于沉重，他随即对我一笑，"赶紧收拾收拾下班吧。"

他又从书架上抽了一本整形医学杂志，转身走入办公室。

我回到座位，略微整理了一下，迈步向电梯走去。

路过候诊室时，看到一个姑娘，陪在她身边的是位年轻男子。

我正要走出门，他们忽然站起。

"医生，等一下。请问主任在吗？他还在吗？"

哦，是她！面对那副让人一眼难忘的忧郁面容，我愣在那里，不知该说什么，不知该怎么说。

我该告诉她我们几乎没有办法吗？该告诉她这种视力损伤不可逆，目前可能没有有效治疗方案吗？

"主任……主任下班了。"

"我能到你们这里治疗吗？拜托了……医生。"

那个姑娘如此弱小无助，就像一朵还在盛开就被风雨打落的花，旁边的男子一遍遍重复："拜托了，医生，拜托。"

我不记得自己当时是如何回答的。是好言安抚，还是尽快离开了？我的记忆中好像缺失了这个场景，只留下那个姑娘在最后一刻抛出的一句话：

"我有孩子了，医生，拜托！"

二

突然失明的姑娘站在面前，一遍遍说着"拜托""拜托"，这个场景冲击太大，这段记忆太深刻。她是在向我哀求，又好像不知是在向谁哀求。这原本是不该发生的事，可一切都无法复原。

很长一段时间，我内心深处对玻尿酸类注射充满了反感与失望，所以一直不敢碰。即使患者极力要求，我最多也只是转交给其他医生注射。

也是在那段时间，我总觉得自己不太像个医生。别的科室每日救死扶伤，充满了骄傲与荣誉，为何我们只能做做激光手术？照好了说，也只是为本就健康的人锦上添花，而这又伴随许多风险，稍有不慎就可能造成永久的伤害。

我不止一次动摇过：我的理想应该是去心脏外科、神经外科这种"传奇"科室做那种能起死回生、扶危救难的工作。有时忙完一整天，夜深人静之时，望着窗外灯火，我都不知自己是否还算个医生。

不知道这种自我怀疑是不是只会在整形科医生身上发生？

实习、接受规范化培训时，轮转过许多科室，那时很忙碌，却总觉得自己的一切付出都是为了患者的健康，下班再晚，回家之后心里也感觉充实而满足。哪像现在这样，每天不知道在忙些什么，更不知道这样的忙碌是为了什么。

当然，现在的我早已走出了那段阴暗时光。但具体是在哪一天，具体是因为哪一件事，我并不确定。也许是许多叠加在一起的小事让我信心增强，慢慢认同了这个职业，甚至乐此不疲。

回想起来，有很多件事帮助我慢慢消解心中的反感，第一次给咨询者打玻尿酸算是其中一件。

在那之前，我早已看过无数文献和操作视频，还搞了许多小实验，比如往包在头盔上的柚子皮或菜市场买来的五花肉里注射，也旁观过不知多少医生的操作，自觉技术上应该没有问题了，但心里还是有那么一道坎。

第一章　行医是一场修行

恰在此时，一位很信任我的亲戚找过来。她下颏有点儿短，影响侧面拍照效果。用她的话说，"总是一副傻乎乎的样子"。她下定决心改变，于是找到了我。

因为是亲戚，我尤其小心，向她推荐了一个我觉得注射玻尿酸技术最好的医生，谁知她非要我做。我说自己打得少，那个医生经验更丰富，她却一再坚持："如果你不给我做，我就不做了。"

想想她之前跟我说过的那些困扰，我忽而心念一动……好吧。我给她开了药，让护士准备。

护士长一脸诧异，脸上似乎写着"你不是不碰玻尿酸吗"。记得不久前我还信誓旦旦和她说过这件事，现在我只好佯装没看到她的表情。另一边，护士准备好换药盘和注射器，在治疗室喊我。

我领着患者走进去，她有些紧张，但她肯定不知道，那一刻我自己比她还紧张。

"会不会疼？"她问。

看着刚大学毕业的亲戚，我又踌躇起来。然而，她的下颏后缩的确严重，如果注射得法，改变会非常明显。

"郭医生打针是我们这里最温柔的，放心。"我一脸震惊地望向护士，她冲我眨眨眼。那一瞬间我忽然想起，自己独立做第一台手术时，她也是这么安慰患者并冲我眨眼的。

很难相信，我甚至已经做过许多脂肪移植手术，可在那时才第一次打玻尿酸。人们心中的阴影，有时候很难冲破。

我做好标记，反反复复让她侧身，好精确定位注射部位，并计算用量。她非常顺从地一一照做，像个听话的学生。而后我让护士升起注射椅，调节到如同看牙医时那样的半坐位。我再次标记注射点，开始消毒、铺巾。

全程我一语未发，专注于自己的动作，而那个女孩一直紧紧握着护士的手。

看到换药盘，我不禁眉头一皱，对护士说："麻烦给我拿一个1毫升的注射器。"之所以不自己拿，是因为我已戴好手套。

"你手放松一下，我去拿一下器械。"护士很温柔地冲女孩说，还轻轻晃了晃她的手。及至女孩松手的刹那，我才发现她的手掌已经有点儿发白。

"为什么还要一个1毫升的注射器呀？"护士边拆包装边好奇道。

"用来反吸。"

看她还是一脸疑惑不解，我只好解释："有些玻尿酸会比较黏稠，尤其是用来打鼻部、下颏的这种。如果不用另一个空注射器把残留在针里的玻尿酸去除，反吸就很可能因为玻尿酸堵塞而无效。这样即使注射到血管也察觉不到，因为反吸也吸不出血。这就比较危险。"

护士恍然大悟，又瞥了瞥那个女孩，示意我别说了。女孩

第一章　行医是一场修行

躺在治疗椅中紧闭双眼，不知她是不是更紧张了。

"要开始了。"随着我轻声提醒，女孩握着护士的手抓得更紧了。"忍耐一下。"

玻尿酸注射，宜深不宜浅，这是我们行业人所共知的要诀。我深吸一口气，迅捷地进行，马上感觉到一丝阻力，嗯，已经到达骨膜——就是附着在所有骨骼外表面的组织薄膜，到达骨膜意味着注射到了骨骼这样的较深层次。女孩眉头微颤，我赶紧安慰："不用紧张，不会太疼的。"

我左手稳住针头，右手轻轻反吸，没有打到血管！这意味着注射非常安全。我轻轻推玻尿酸，透明液体一点儿一点儿地减少。直到推注到预计用量标线，我停止，右手一抖就拔出了针头。

整个过程很顺畅。

护士频频向我点头。不用她说，我也知道这次操作完美无瑕。女孩的下巴已然微微抬高。"好看！"护士说。

不知为何，那一刻我内心一阵狂喜，原来玻尿酸注射如此简单，如此有效！我对它原本的排斥与厌恶一扫而光。

接着是左、右口角线的注射。每次反吸都空无一物，我依次注射，都挺顺畅。

护士统统看在眼里。我挺喜欢和这个护士搭台，估计她过会儿又要到处夸赞郭医生好棒了。这种喜悦，很像小时候完美赢下一场羽毛球赛后，回到班级被同学簇拥和祝贺时的感觉。

注射完成，女孩大大地松了一口气："好像不怎么疼嘛，白紧张了。"

"本来就是啊，好，我们起来。"我轻轻扶起她，让她背靠墙壁，我戴着手套又一次进行了精细调节。刚注射完玻尿酸时，注射部位有点儿接近橡皮泥，可以通过双手按压或者挤捏，塑造出不同的形状。这一点其实挺有意思，感觉像在做什么手工活。

一切完毕，我给女孩拍照，交代注意事项。她反复以各个角度照了镜子，原本后缩的下颌如今微微抬起，呈现出精致的角度。

她欢天喜地，临走出科室还冲我喊了句："郭医生你真是太棒了！"

我心头美滋滋。

那时，我居然真心相信，自己的确很棒。

三

人只要走出内心的恐惧，就会有所突破，甚至沉迷于自己之前恐惧的事物——我对玻尿酸就是如此。后来我真的挺喜欢给患者注射玻尿酸，因为并没有什么修复期和副作用，而且效果立竿见影，患者总是十分满意。

那阵子，我内心深处恢复了一些对整形医生这个职业的认同，其中很大一部分原因，我想是来自患者和同事的赞许。

每次注射，我都严格遵循标准流程，而护士也知晓我的习惯，每每会预备一支1毫升的注射器供我反吸。

玻尿酸注射，其实有很多学问。面部哪些区域可以注射，哪些区域风险低，哪些区域风险高，一个成熟的医生应该了然于胸。我个人在注射鼻背、泪沟及颞部时会非常非常谨慎——这些都是最容易造成永久损伤的位置。

说来也怪，最开始注射玻尿酸的一两年，我反吸时从来没遇到过出血的情况，以至于我觉得只要注射到骨膜层，就基本没有风险。

职业生涯刚开始时遇到的那位亲戚，也慢慢被我淡忘。

直到有一天，要注射泪沟。

那是一个上午，我像往常一样看诊、治疗。遇到一个网上预约的患者，我们的聊天非常愉悦，她说在网上看到我，十分认同，也很信任，花了不少精力，终于抢到我的号。

"百闻不如一见，郭医生真是名不虚传。"姑娘满脸聪慧，一开口就让我很受用。

"都是虚名，无足挂齿。"我笑道，感觉这更像"江湖中人"的对话，想问姑娘是不是爱看金庸小说，但感觉唐突，就作罢了。

她要打的部位是泪沟,我像往常一样让护士准备。

"听说打泪沟有可能导致失明,真的假的?"姑娘正色问道。

我一愣,面前这个姑娘居然十分专业。如果没有事先查询相关资料,不大可能知道这一点。

"的确如此,不过由专业医生操作基本可以避免,失明概率极低。"

"好,那我就安心了。"

话虽这么说,但我看得出她依旧有些焦虑。

一番准备过后,我说:"我们开始了。"

这成了我的口头禅,每每说完这句,我就好似聚气凝神一般,变得十分专注。

打到第二针时,我照例轻轻一吸,针管里居然涌出血液!我心头一紧,不敢继续注射,迅速拔出针尖。

姑娘感觉到了什么,转头看,发现玻尿酸里有血。

"怎么回事?"她有点儿惊慌。

"没事,反吸有点儿血。你看我手指,看得清吗?"我问她。

"可以,你别吓我。"

"好,没事,你放松,我给你压一会儿。"于是我用一块纱布在注射点按压了大概半分钟。姑娘更紧张了:"我们别打了吧，好可怕。"她好像还有点儿晕血，我赶紧把玻尿酸注射器拿到一边。那时还有一半的剂量没有注射。

我略一犹豫："没事，我们可以继续。"刚才那个点位我肯定不会再入针，而其他点位应该还是安全的。

"我害怕。"姑娘带了些哭腔。

我安慰她，再次说可以继续，然而这次，我专门问了她是否同意。

"我们随时可以停吗？"

"随时可以停。"

"那好。"

之后几针，我更加谨慎，注射每一个点位时都反复抽吸，确保没有扎在血管处。那天，我用的玻尿酸并不是日常所用的，而是适合填充泪沟的一种，质地较软，也更有黏滞力，很难推动。

打到另一边的泪沟，我保持谨慎。

"要是失明，多久能看出来呀？"她不安地问，"十分钟，二十分钟？还是明天？好可怕。"

"不会，万一真失明，你马上就能感觉出来。"我打完又一个点位，回答她。

"那，如果没有立刻失明，第二天会发生吗？有没有迟发的报道？"

"没有，如果现在没事，那就是没事。"我又打了新的点位，边轻轻推玻尿酸，边回答。忽然之间，拿注射器的手感受到一阵落空感，我内心一紧，以为真的出了问题。仔细一看，才发现是玻尿酸从针头与注射筒的连接处喷了出来。而这本不应该发生，我不知是操作问题还是注射器本身有问题。

我抽针一看，最后的大概 0.2 毫升玻尿酸，全部从连接处喷出。要知道，一支玻尿酸总共才 1.1 毫升，喷出 0.2 毫升意味着损失了约 20%，这样就无法完全达到我术前设计的预期效果了，术后的总体形态也许会受到不小的影响。

今天怎么这么不顺？

我检查针头是否拧紧，没问题。在注射了那么多之后，拧紧针头应该早就是我的习惯动作了。然而玻尿酸喷出来了，这如何解释？

我完全摸不着头脑。

这时候，有两个选择。一个是草草收场，告诉患者注射完成了，让她回去，毕竟只有 0.2 毫升，我不说的话，她看不出什么差别。还有一个选择，我自己掏钱，再开一支新的，然而新的玻尿酸都是 1.1 毫升的，有足足 0.9 毫升的额外剂量可能完全用不上，只能丢弃。

我多么希望能告诉诸位，当时我选择了自掏腰包，为姑娘再来一支。然而那时候，我犹豫了。而犹豫之后，我选择了就这样草草收场。

很长时间里，我都无法原谅自己的这个选择。

整个注射过程中，我坚持规范操作，避免了医疗事故，从这个角度讲，我对得起那姑娘的信任。然而在另一个选择面前，我退缩了，而这种退缩，完全是出于自己的私心。当然，可供开脱的理由也不是没有。有时候，外科医生会迷信一句话：感觉不顺的时候，就应该什么都不做。我做出这个选择的时候也有这种心理，但那毕竟还是在替自己考虑。

得知注射完成，姑娘又一次担心起失明的问题，我明确告诉她不会。然而因为最后一针的剂量有所损失，我用手反复轻柔按压，希望通过更仔细的手法让之前打进去的玻尿酸更平坦、流畅。一切完成，姑娘左右照着镜子，十分满意。

临走，她如别人一样感谢我，感谢我的专业与负责，感谢我的温柔与细心。

而我几乎无法直视她的双眼。

患者离开后，我大半天都无法平静，以至于主任都看出我心神不宁。

我终于憋不住，把事情始末都告诉了主任。本以为他会训我一通，然而他却很淡然："我刚想开会说说这个事儿。这种情况，陈医生和我都碰到过，他有两例，我也是。"他想了想，拿出手机，给我看了照片："你用的是不是这个批次？玻尿酸是不是从这个连接位置喷出来的？"我吃惊不已，连忙点头。

"这批产品有问题，我已经联系了厂家，他们也如实说了，全国都有这样的情况发生。"

"主任,那,那您是……"

"哦,第一次我又给患者拿了一支……第二次,我发现是产品问题,直接让供货商过来解决。"

主任看我沉默,猜到了我的自责:"你剩的不多啦,0.2毫升,对术后效果影响不大,是我的话可能也不会再拿一支。我那时候可是0.6毫升都浪费了,超过一半剂量呢。如果不补充,会完全达不到预计效果,所以我才又开了一支。"

我抬头看他,他只是笑笑,我没再说什么。

然而,我内心久久无法释怀。

四

经过这件事后,在谨慎操作之外,我内心重拾了对玻尿酸注射的敬畏,对自己从事的职业也是如此。

后来,我不断尝试各种新方法,希望能帮助到玻尿酸栓塞患者——同事们并不理解,以为我要拓展什么新业务,但我心里知道,这只是一种补偿。

最终,我发现了一种新方法,对早期玻尿酸栓塞患者有奇效。这是一种通过多点穿刺,让玻尿酸从堵塞血管中泵出的技术。因为这个,许多诊所把玻尿酸栓塞患者转诊到我们科,希望我们能妙手回春。大多数都成功了,但有一些栓塞时间过长,已经错过最佳治疗时间的,我们同样束手无策。

第一章　行医是一场修行

也许，行医真是一场修行。我原以为，只要把技术修习得炉火纯青，就能成为一名优秀的医生，后来我才知道，要想坚持道德准则，提升对患者需求的觉知，我们可能需要努力一辈子。

时至今日，那个失明女孩仍然偶尔浮现在我脑海。我想做个好医生，但这个"好"字有多难，又岂是我年轻时能够理解的？

玻尿酸注射是最普遍的医美项目——或许这里应该顺便说说"医美"和"整形"这两个词。两种说法其实区别不大，在我们业内也经常混用。如果非要做些区分，整形更偏重于指整形外科进行的手术类治疗；而医美是医学美容的简称，既包括手术治疗，也包括注射、激光等非手术治疗，而且算是一个比较大众化的定义。

按照这种区分，玻尿酸注射只能算作"医美"，而非"整形"。这个项目总体来说相对安全，操作简单，恢复期短，可其中也隐含着风险，每年层出不穷的栓塞案例都是血的教训。希望这种教训不会发生在任何一个读者身上。

玻尿酸注射时，注射层次其实非常重要。如果对医生不了解，那么可以和他讨论一下注射层次。一般而言，深层注射比浅层注射更为安全，因为骨膜层附近的粗大血管较少。如果一个医生回答，自己一般先注射深层（骨膜层），如果有需要，再考虑浅层,那他大概率经验比较丰富(面颊除外,面颊注射可在浅层)。

另外,我不喜欢在鼻部注射玻尿酸,主要是因为长期效果可能堪忧。而玻尿酸注射对于下颏后缩、轮廓凹陷,特别是太阳穴凹陷,效果相当明显,因此这些部位是我比较喜欢注射的。

很多机构提倡轮廓固定,也就是在整个面部的骨膜层尤其是韧带附着处注射玻尿酸,以达到改善面部轮廓的流畅度和立体感的效果。这种治疗动辄要用十几甚至几十支玻尿酸,我个人不敢说反对,因为经济能力较好的求美者的确可以考虑,但于一般人而言,其效果可能并没有想象中那么理想,个人建议优先考虑下颏或者颞部这些注射后效果显著的部位。

对于浅表皱纹,我的建议是先考虑肉毒毒素治疗,再考虑玻尿酸注射。不过这里有一个特例,就是颈纹。目前,一些玻尿酸用于颈纹治疗时效果不错。

近来还有用玻尿酸治疗凹陷性瘢痕和痘坑(其实也是一种凹陷性瘢痕)的方法,效果也还不错。而且与单纯做皮下分离(就是用钝针或锐针在凹陷性瘢痕真皮深层反复离断纤维束)相比,效果更好。因为在分离腔隙中注入一些玻尿酸,可以起到支撑作用,更有利于长期恢复和防止纤维增生。

不过,所有的一切,一定得在找到靠谱医生的前提之下进行。无论现有的材料和技术多么先进,无论宣传得多么动人,玻尿酸注射仍然存在风险，这是每位求美者心中一定要有的概念。

直到如今，我每次注射玻尿酸时依旧非常谨慎，即使每天都在注射，每次也会不厌其烦地反吸，因为反吸对任何一次治疗来说都是至关重要的步骤。

对于刚入行的整形医生，我想说，每一次玻尿酸注射或者脂肪注射都有风险，一定要经过最严格的培训才可以操作，万一出现问题，后果会让一个年轻医生无法承担。

对于求美者，我想说，最关键的是找一个靠谱的医生。如果已经决定做填充，却又不确定医生是否靠谱，那么最好先不要做玻尿酸或者脂肪填充。如果很迫切，可以先从肉毒毒素注射瘦脸或者除皱开始了解这个医生，观察他做事是否细心、动作是否温柔、操作是否娴熟，以及沟通是否坦诚。之后，你可以向他咨询玻尿酸填充的风险与收益，如果他不回避，甚至主动强调玻尿酸的风险，那么很好，他可能是一个合格的医生，找他治疗起码算是靠谱的。

峰回一程，路转一程

痤疮，也就是大家口中的"青春痘"或"痘痘"（其实我们整形医生也这么叫），是一种常见的皮肤问题，通常发生在皮脂腺分布较多的区域，如脸部、背部和胸部，大多与毛囊堵塞、皮脂分泌过多，以及细菌感染有关。

痤疮患者以青少年居多，但在我们科也可见到痤疮严重的成年人。青春期的激素水平波动会导致痤疮发生，但饮食、压力、遗传等因素也可能在痤疮的形成中起作用。

刚开始做皮肤诊疗时，我在专业上最大的困扰就是无法有效治疗痤疮。

各种皮肤问题，有些你知道在几次治疗后一定有效，有些你知道治疗效果差且周期漫长，有些你知道一次治疗就可以完美解决。然而只有痤疮，总是让人捉摸不透，一些患者只要经过几次治疗就效果显著，而另一些患者却几乎毫无改善，甚至可能日趋严重。

个体差异如此巨大，这几乎让我对所有的痤疮治疗手段都失去信心。

好在医生这种职业，有点儿像打怪升级，只要勤于思考，总是能不断精进。经过几番探索，我突然对痤疮治疗有了信心。这种事情很奇怪，好像一夜之间大彻大悟，忽而就知道了点儿啥，从此一切尽在掌握。

一

最大的节点应该是那次"峰回路转"的治疗。

小呆第一次走进诊室时，我眼前一亮。她眉眼清秀明净，妆容淡雅脱俗，兼之一袭颇具唐风的长裙，初看之下仿佛神仙姐姐走出屏幕。

我示意她坐，询问她想看什么问题。

她没回答，默默摘下口罩。空气仿佛忽然凝固，那一刻，我也惊讶得一时无话。她的下颌缘遍布脓性痤疮，一张本来清秀的脸现在看来有点儿狰狞，加上面颊部的玫瑰痤疮和斑驳的痤疮凹陷性瘢痕，整个面部看起来十分油腻粗糙，简直惨不忍睹。而所有问题区域都在口罩覆盖范围内，我第一反应甚至怀疑这会不会与长期佩戴口罩有些许关系。

答案很明显，治疗痤疮。

"医生，这个能治好吗？"

"需要综合治疗，这种情况多久了？"

"好几年了，医生……"她犹豫了一会儿，"能在两个半月里治好或者缓解吗?"

"什么?"我疑惑地看着她,如此精确的时间限定,恐怕是有什么需求,"你要拍结婚照?还是准备办婚礼?"在门诊待久了,医生会形成一种直觉,且这种直觉往往非常准确。

"您怎么知道?太神奇了吧!"一脸震惊的她整个人看起来都舒展了一些。有时,患者刚进诊室,不免有些许紧张,用几句话让他们放松下来,也是医生必须修行的功课。

"两个半月的时间够吗?"她追问。

"估计有点儿困难,痤疮形成不是一年两年的事,所以有时候治疗时间也需要用年来计算。痤疮发生的原因非常复杂,往往是多因素诱发,我们的治疗很难面面俱到。而且你的部分痤疮已经形成结节和囊肿,这种类似瘢痕的组织一旦形成,很难彻底改善。"

她低垂双眼,好像这答案她早有预料。

我叹了口气:"不过,我们可以试试。"

她抬起头,脸上浮出一丝笑容:"我是慕名而来的,小红书上好多人说郭医生年轻有……"

"打住打住,效果还不能确认,毕竟你的问题比较复杂。"我急忙打断,做医生的需要给予患者安慰,但同时又不能让他们有太高的期望。

"你去其他皮肤科看过吗?用过什么药?做过什么治疗?"

对患者病史的详细询问是有必要的，这往往会对最终效果产生决定性的影响。

"对了，既然要结婚，有没有做过一些婚前检查？有没有多囊①？"

"真是神了！医生，你怎么知道我有多囊？"

其实一点儿也不神奇，这就是个概率问题。女性出现严重的痤疮问题，通常会伴随激素分泌失调，而激素分泌失调很多时候又与多囊有关。对于多囊患者，妇科一般会给予一定的激素调控药物，以维持激素水平稳定，这类药物对痤疮治疗往往也有显著效果。故而我们一旦了解到妇科医生已经开了调控激素的药物，就不会再开同类药物了，毕竟在这方面，与我们相比，妇科医生还是更专业一些。

"那有没有用过什么药？"我没有就多囊的话题过多展开，因为门外还有许多患者等待。

"之前的医生给我开了米诺环素、泰尔丝，还有一些涂抹的药，您看下。"米诺环素是一种对多种细菌有效的四环素类抗生素；泰尔丝是药物的品牌名，对应的药品名叫异维A酸软胶囊，最初是用作抗癌的。

她打开手机要让我看照片，我没有看，直接问她："泰尔丝？异维A酸？你吃了吗？"

---

①指多囊卵巢综合征。

"对，对！是异维A酸！"

"你吃了吗？"这才是我关心的。

"没有。"

我长吁一口气。

很多整形科医生也喜欢开这种药，通常，它对痤疮的治疗效果非常显著。然而需要强调的是，这个药有明确的禁忌——近期可能妊娠的女性绝对不能使用，因为其具有确凿无疑的致畸作用。我国的用药建议是3~6个月内不会怀孕的女性才可以服用，美国食品药品监督管理局的标准更严苛，绝对禁止用药后妊娠。我个人的态度算是二者的折中——起码2年内确认不会怀孕的患者才可以使用。即使这样，也需要非常谨慎，通常对育龄期女性我都不敢使用，因为几乎无法确认患者是否会在短期内怀孕，一旦她们有怀孕的需求，这个药对生理和心理的影响就会相当大。

"我没吃，当时查了一下，说对胎儿有致畸作用……"她又低下头，"医生，我怀孕一个多月了，是不是很多药不能用？"

我下意识地摸摸头，这还真让人头疼。

二

像小呆这样的严重痤疮患者，一定要到皮肤科就诊，否则一旦造成痤疮瘢痕，治疗就很困难了。而另一方面，轻度痤疮患者其实可以通过改善生活习惯或借助常规药物自我治疗。

在回到小呆的故事之前，我们干脆罗列一下自我治疗的基本措施。

饮食：减少糖、奶摄入。

糖和乳制品都会增加皮脂腺分泌，导致痤疮丙酸杆菌活跃，从而加重痤疮症状。我的经验是，如果想改善痤疮，最好严格限制糖、奶的摄入，即便是处于青春期、正值发育的孩子，奶类摄入也要尽量控制在每天100毫升之内（这里说的是存在痤疮问题者，对一般青少年倒是不必如此严格，可适当增减摄入量，但最好不要超过500毫升）。减少糖、奶摄入一个月，大部分人的痤疮会减轻，如果同时注意控制辛辣油腻食品的摄入，效果更佳。

作息：按时休息，杜绝熬夜。

压力和焦虑情绪与熬夜存在正相关关系，保证充足的睡眠可减少负面情绪，而压力、焦虑，特别是抑郁，都可导致皮脂腺过度分泌，加剧痤疮。所以，杜绝熬夜、保证充足睡眠非常关键。当然，充足睡眠的定义因人而异，只要第二天起床后不觉得十分疲惫，就基本可以算作一次良好的睡眠。我个人的经验是：晚上入睡时间应该尽量固定，起床时间则可依据第二天情况而定，固定的入睡时间有助于睡眠习惯养成，可以大大减少失眠情况的发生。

清洁：总体而言，要降低清洁频率。

每天的清洁，尽量不要超过两次，而且使用洗面奶不可超过一次。在清洁后，无论皮肤为干性还是油性，都要使用保湿产品，以确保皮肤角质层完整。而在任何一次使用清洁剂后，都请务必配合使用保湿制剂。

防晒：可适当晒晒太阳，以抑制痤疮丙酸杆菌的生长繁殖。

"适当"指的是每天在紫外线强烈的环境中停留10～20分钟。有对照实验表明，夏季虽然天气炎热，并且皮脂腺分泌旺盛，痤疮患者却没有大幅度增加，甚至有下降趋势，这与适当的紫外线照射有一定关系。但我们不建议过度日晒或者在阳光强烈时段晒太阳，特别是对于有脓性痤疮的患者，过度的紫外线照射会刺激皮肤，导致痤疮加重。还有一点，很多痤疮用药需要避光，这也是不建议过度日晒的一大原因。

仪器：可选红蓝光大排灯。

红蓝光大排灯是一种用于皮肤治疗的红蓝光照射设备。所谓"大排"，是指这种设备通常尺寸稍大、光照面积广且光源功率强。蓝光（波长通常在405～420纳米）杀死细菌，红光（波长通常在620～700纳米）促进愈合，红蓝光常常联合使用，既能杀菌又能消炎，形成互补的治疗效果。这种治疗手段尤其适用于中度至重度痤疮，但应结合个体情况联合其他治疗手段。

这种仪器不需要选择十分精密的，家用型号的功能绰绰有余。对于较顽固的痤疮情况，一周照射一次家用红蓝光被证明是有效的。

其他自我治疗方法如下。

口服药物及激光：建议口服补充剂，如B族维生素，可有效减少皮脂腺分泌；也可口服含锌制剂，能促进皮肤修复。

外用制剂：夫西地酸，可消炎杀菌，使用时涂抹于轻度炎症痤疮处；阿达帕林或过氧苯甲酰，可减少皮脂腺分泌，缓解皮肤症状，使用时涂抹于闭口粉刺处，需避光，可睡前用；壬二酸，作用和用法与夫西地酸类似。

注意，抗生素等药物需要在专业医生指导下使用，在此不做一般性推荐。

再次强调，这种自我治疗针对的是轻度痤疮。

如果患上中、重度痤疮，就比较棘手了，因为那通常意味着患者痤疮病程较长，或者兼具几种不同发病基础。这类患者当然需要医学上的治疗，但改善生活作息、饮食结构和个人情绪同样十分关键。

三

小呆很快成为我重点关注的病例，我坦诚告知：痤疮的治疗，有时候医生只是辅助，很多治愈机会要靠患者改变自己的生活方式去争取。

第一，我要求小呆禁用糖、奶。

小呆照做。

第二，因为工作调动、准备结婚及怀孕，最近小呆的生活发生了巨大变动，我让她试着每日进行一定的冥想及少量的运动，以减少焦虑与压力。同时需要保证休息时间，不能熬夜。

小呆照做。

生活上的问题解决了，剩下的就是医生的事了。

药物上，我照例开了皮肤涂剂，有过氧苯甲酰凝胶（班赛）、夫西地酸乳膏、多磺酸黏多糖乳膏（喜辽妥），还有一种我们医院自制的薄荷水——其中加入了一些克林霉素，局部涂抹可大大缓解症状；口服药方面，开了维生素B_6和葡萄糖酸钙锌。因为她已怀有身孕，我不敢开任何抗生素或者抗生素同类制剂。怀孕这一点，让我十分担心。

物理治疗上，我选择了自己比较擅长的光电类治疗。

所谓"光电治疗"，就是利用目前的一些光电仪器，对炎症性痤疮进行治疗。

之前我不喜欢治疗痤疮，很大程度上是因为光电类治疗效果的个体差异极大，在一个人身上有效的治疗方案，在另一个人身上却可能加重痤疮，更让我这个当医生的感觉不安的是，我们无法确认造成这种差别的机理。后来，在安全范围内，我不断尝试、不断总结，一次次失败后，终于尝到成功的滋味，这才摸到一些规律。

一旦掌握，说来也很简单：皮肤可以分为油皮、干皮等，针对不同肤质，在激光选择上也应该有明显区分才行。

小呆的皮肤属于油皮，故而减少皮脂腺分泌、杀灭痤疮丙酸杆菌成为我治疗的重点。

可以减少皮脂腺分泌的激光，效果较为显著的是强脉冲激光，我准备用它来消灭痤疮，而暂时不理睬痘坑（痤疮瘢痕），因为后者可以通过化妆轻松遮盖，对婚礼和拍照影响甚微。皮肤问题和实际生活的关系十分密切，有时医生也不得不抓大放小，先集中精力对付核心问题。

确定了两个重点治疗对象——皮脂腺过度分泌和痤疮丙酸杆菌，小呆的第一次治疗开始了。

可等待我们的……

第一次治疗打强脉冲激光，因为目标很明确，所以我用了590纳米滤片和M22 Acne滤片。前者通常用于治疗色沉和玫瑰痤疮，后者用于治疗痤疮——英文"Acne"就是"痤疮"的意思。

其实，俗称的"光子嫩肤"就是强脉冲激光，这是近年来受到广泛欢迎的一种非侵入性皮肤美容疗法。它的英文名为"intense pulsed light"，字面意思就是"强脉冲光"。其原理是通过释放多波段的强光，针对多种皮肤问题进行综合治疗。尤其在改善肤色不均、淡化色斑、收缩毛孔，以及提高皮肤整体质感方面，强脉冲激光具有较好的效果。

在打完590纳米滤片和M22 Acne滤片后，我总觉得她的红色痘印也需要治疗，所以加了相应的Vascular滤片。结果，问题就出在了这上面。Vascular滤片确实减少了毛细血管扩张和痘印，但因为首次治疗就叠加三个滤片，导致皮肤过热，加之Vascular还有收缩毛囊的作用，于是毛囊内容物被挤出，后果就是——小呆的痤疮加重了。

她很焦虑。

但我寻思，这应该只是暂时性炎症反应，问题不大。我不断安慰她，言辞上信心满满，内心深处更是成竹在胸——这种暂时性炎症反应通常只需要一周左右就能缓解。

但另一方面，对于每个患者来说，这个"通常"并不是定数，可能需要一周，也可能需要两三周，如果真的很久，小呆能坚持住吗？

小呆的焦虑几乎也成了我的焦虑。她每天戴着口罩，生怕痤疮被同事和朋友看到，回到家就对着镜子发愁，不知该怎么办。

这样的纠结，在旁观者看来也许不是什么大事，然而对于当事人，包括患者，也包括主持治疗的医生，却无比沉重。只有经历过的人才能理解。

四

刚开始的三天，她每天都出现在我的诊室，我一边安抚她的情绪，向她解释我的判断，一边让她继续涂薄荷水以缓解症状。那三个晚上，我也没睡踏实。

三天后，爆发的痤疮好像渐趋稳定，她有点儿放心了。

七天后，痤疮大大好转，她又出现在我的诊室——这是我们的约定，同时也意味着，我可以尝试一种新疗法了。

通常，治疗痤疮要每周进行光照治疗，红蓝光交替照射，这样可以缓解炎症，也有杀菌的作用。然而，我想更进一步。既然患者存在痤疮丙酸杆菌的问题，为何不每周都进行一次 M22 Acne 滤片（蓝光）治疗呢？

这种特殊波段的蓝光，既可以杀死痤疮丙酸杆菌，又能在一定程度上缓解炎症反应的症状。医生一般不做，是因为担心能量过大。在我看来，这种顾虑有点儿多余。Acne 滤片（蓝光）虽然会带来较强的痛感，但并不会导致皮肤温度持续升高，这是它的波段特性决定的。

我的计划是，一个月进行一次强脉冲激光正规治疗，加上每周进行一次 M22 Acne 单一滤片治疗（只打一遍），中间穿插用 Fotona 4D 仪器的 Acne 模式治疗几个脓性毛囊。Fotona 4D 是一种综合光电仪器，其中的 Acne 模式可治疗脓性毛囊和毛细血管增生，原理是用激光直接封闭毛囊，让毛囊无法再分泌油脂，于是脓性症状消失，痤疮就这么被"饿死"（有点儿类似绝育手术）。

说来我也不知自己当时为何有了这样的灵感，或许是一次次思考带来的思维飞跃吧。

那天，我见到小呆，她的痤疮没有爆发，几个红色的丘疹好像也有所平复。看来，我们已经取得阶段性的成果，接下来还有必要再冒着风险继续吗？

"我必须说明，这个治疗比较激进，有一定风险，你愿意做吗？"

"来吧，郭医生。"

我笑。

有时，我们医生必须循规蹈矩，不能越雷池半步；有时，为了治疗，我会愿意承担一定的风险。然而，这于我、于患者都是挑战。

和所有的新方案一样，这次治疗前，我查阅了大量文献，心中是比较有数的。然而，也不无担忧，毕竟小呆的婚礼已经近在咫尺，在那之前，我能治好她吗？

第一次，用 M22 Acne 滤片治疗，小呆没有爆痘。

第二次，小呆右侧脸颊有一个毛囊红肿凸起，我用 Fotona 4D 仪器进行了处理，这个毛囊后来果然没再出过问题。

第三次，离小呆来面诊已经过去大约三周。庆幸的是，她的痤疮正在消退，如同兵败的敌人一点点溃退，原来隆起的丘疹逐渐变小，脓性症状减轻许多，几乎没有毛囊严重出血等脓性痤疮表现。

小呆自然喜笑颜开，见我如见亲人。

之后一次完整的强脉冲激光治疗，是在间隔大约一个月后，这次我只选择了两个滤片，主要想进一步控制油脂分泌。

小呆也十分配合，在这一个月内，她没有额外摄入糖和乳制品。因为痤疮好转，她的心情变得轻松起来，居然连工作也渐入佳境。

一个月就这么过去了，一切都在往好的方面发展。

五

对于一个精彩的故事来说，这里也许需要一个反转。比如小呆再次碰到了麻烦，痤疮或其他什么问题又一次爆发，或者我把新方案搞砸了，治疗逻辑彻底失败，接着我再抖擞精神，重新开始，最终披荆斩棘，高奏凯歌……

但相对于精彩的故事，我和患者都更想要甜蜜的人生。

庆幸的是，小呆的故事再也没有反转，第二次完整的强脉冲激光治疗平稳完成，自此，她从我的生活中消失。

然而，正是从这一刻起，我觉得一切努力都变得有了意义。

这样的时刻光耀至极，我治好了一个患者！

虽然不是那种从死神手里夺回生命的壮举，但外表问题得以解决也足以改变一个人的内心，这对任何一个整形医生而言，都意味着巨大的满足与幸福。

同样荣耀的是，过程虽然略有波折，但总算有惊无险，并且我独立开创了一种新的治疗方案。它或许早就被世界上的某位高手实践过，又或许在医学上并无重大的意义，但至少它帮助了一个人——不，至少帮助了两个人，而且还将继续帮助到其他人。

关于小呆的故事，唯一值得补充的是，她取消了那次婚礼。

当时我并不知情，还为她终于可以有个完美的婚礼而暗自庆幸，甚至以为她会礼节性地邀请我参加。但她没有邀请我，也没有提婚礼的事，微信朋友圈里也没有任何更新。没有婚礼，也没有别的消息。

我不知是不是因为痤疮慢慢治愈，她重拾自信，这才发现那个即将携手同行的人并不是理想的另一半，还是别的问题让她的感情出现了危机。

大概两年之后，我在下班的地铁上翻阅微信朋友圈，忽然看到她的更新。

婚礼。

非常隆重的婚礼，新娘笑靥如花，周围宾朋满座。出于职业习惯，我放大了图片，她的脸部干净清爽，看不到一点儿痤疮的痕迹。

而真正让我感到吃惊的是，和她携手的那个男生，脸上居然隐约可见不少痘印，甚至连修图都无法遮挡。然而，他们的笑容是那么灿烂，似乎没有把这当作一种困扰。

在一次次治疗中，我们陪伴患者走过一程，或让他们重拾自信，或让他们重整心情，从容貌焦虑中渐渐解脱。然而无论如何，能最终治愈内心煎熬的，仍然只有自己。

患者如此，医者又何尝不是这样？

最沉重的失去

和其他外科医生一样,整形外科医生也是刀锋上的舞者,我们切开皮肉,直抵灵魂。然而和绝大多数外科医生不同,我们经常拒绝患者。我甚至认为,对于一个成熟的整形医生来说,拒绝别人的能力至关重要。

拒绝意味着失去。我们的拒绝意味着患者失去了一个改变的可能,哪怕他们并不能理解那所谓的可能只是一种奢望;我们的拒绝也意味着身为医生的自己会失去一个患者,但换个角度看,这种失去反而显得有点儿轻松。

真正可怕、真正让人刻骨铭心的,是那种沉重的失去。

一

小曦第一次来我办公室,我很吃惊。

她挂号过来,之前没打任何招呼,见我一脸蒙的表情,她扑哧一乐。

"怎么样,郭医生,没想到吧?"

"你……你这是……要整啥?"

我不禁失笑。作为高中同学，我对这个众人心目中的"假小子"再了解不过了。如今的她，似乎还是原来的风格，一头齐耳短发，穿着松垮的T恤和吊带牛仔裤，脚踏一双白色板鞋。她在我这不大的办公室里到处张望，很自然地从书架上掏出一本书又插回去。很难想象，面前这个"少女"已经是两个娃娃的母亲。

"你别笑啊，不就是个突然袭击嘛。"她抬头看我，眼神明朗清澈。

"我很专业，一般不笑，除非忍不住。"我打趣道，"话说，你跑过来到底要做啥，不会是要监督我有没有好好工作吧？"

她转身回头，轻手轻脚走向诊室门口。动作轻盈如猫，实在让我觉得有趣。

"快救救'小女子'吧。"

她回过头促狭地看我，锁了门，便又挪回我对面，坐到椅子上，脚下一滑，就漂移到了我面前。

"那你要让我知道如何救你呀，老同学？"我又笑了起来。忽然发现她有点儿尴尬，于是正色："到底什么问题？"

"我……我发现……"一番欲说还休，她最终还是说出了问题所在，"我发现自己生完二胎之后，肚子很松垮，你看看怎么解决？"

我"哦"了一声，示意她稍等，开门叫了护士进来。

我和护士说："这个女生产后腹部松弛，我们给她检查一下。"她很专业地帮助小曦暴露出腹部。通常,要暴露女生较私密的部位或者做任何涉及隐私的检查时,我都会让一个护士进来,一是缓解患者尴尬,二是防止有任何纠纷。

这是我的习惯,可小曦有点儿莫名其妙,冲我翻了个白眼。

"'郭院长'排场很大呀?"她打趣道,然而多少还是有些羞涩。

我笑了笑,冲她摆摆手。

的确,小曦腹部脂肪轻度堆积,然而能看出来她在健身,腹壁松弛并不明显。这种情况,只用做一个简单的吸脂手术就能解决。需要的话,术后还可以做一些点阵激光治疗或者微针治疗,减轻妊娠纹,效果会挺明显。

"你真想的话,可以做一个局部吸脂,后面配合激光治疗就好。"

"那等什么,安排呀!"她拍拍手,看起来还是那个无忧无虑的高中生。

"全麻?局麻?"我问。

"怎么舒服怎么来!"

"任何手术和麻醉都有风险,你到底有没有了解过啊?要不要和家人讨论一下?"我劝她慢一点儿做决定,多考虑考虑。

"考虑什么,全权托付给'郭院'就是!"

"得了得了,别胡说……"

第一章　行医是一场修行

我还是没有当即答应,让她回去考虑,并和家人商量。她丈夫也是我同学,以前我们还挺要好。我反复强调各种风险的发生概率,让她一定了解清楚再做决定。

没想到,当晚她就直接打电话给护士,预约了手术时间。

又是一次突然袭击。

这个手术其实风险不大,也不复杂,我之所以反复交代风险,实则是想劝退她。我不喜欢给朋友做手术,况且还是这种部位——当然必须承认,这是我自身的问题。

手术那天,她丈夫也来了。这家伙姓萧,高中时我们是挺好的朋友,只是有段时间没联系了。他和我聊了会儿,忽然背着他夫人把我拉到一旁:"我怎么劝都没用,她就是要做。你说这到底有没有风险?"

我白了他一眼,意思是:你以为我没劝吗?

"实话说,腹部抽脂还好,风险不大,栓塞概率较低,我们手术时会比较谨慎。不过,任何手术都有一定风险,关键在于这个风险是否可控。"

他抬头有些疑惑,也许是觉得我的答案太过官方,于是我又补充一句:"前不久,我们科也有护士做了这个手术。"

他好像释怀很多,毕竟会给"自己人"安排的手术,起码风险不至于太大,于是他郑重地按了按我肩膀:"交给你了。"

我点点头。

静脉注射麻醉药,小曦很快睡去,气管插管,心电监护,情况一切正常。

准备开始,我给她注射了肿胀液。

这是一种混合了肾上腺素和利多卡因的低浓度液体——利多卡因是麻醉药,肾上腺素则让毛细血管收缩。血管收缩能让脂肪和其他组织剥离开来,方便吸出。更重要的是,这样还可以防止利多卡因被过快吸收,降低术中出血和脂肪误入血管的概率。通常手术时在全身麻醉后不需要再局部麻醉,然而抽脂手术非常不同,无论吸脂还是脂肪填充,注射肿胀液都是至关重要的一步。有些医生觉得不需要再额外注射肿胀液,但这样操作的话,风险很大。

注射完肿胀液,我很慎重地等了大约十分钟,开始吸脂。

吸脂需要医生反复抽拉吸脂针,那动作感觉就像拉小提琴。很大程度上,只要熟练了,就是个体力活。这个工作我从职业起步第一天就开始做,至今已经不知做了多少例。

当天的手术非常顺利,全程大约用了一个小时。

波澜不惊,一切安稳。

这是整形手术最起码的要求。

术后为小曦穿上塑身衣,等她在观察室留观了一段时间后,我和护士一起送她回病房。

其实在手术结束、麻醉医师拔掉气管插管时,小曦已经很清醒了:"感谢上帝,我还活着。"第一句就是这个,下一句更让我哭笑不得:"我还以为要见到长翅膀的家伙了呢。"

"可闭嘴吧你。"我拍了拍她的额头。

二

我之前反复告诉小曦,任何麻醉和手术都有风险。这是套话,也是实情。

比如抽脂手术,最大的风险是脂肪栓塞,如果栓子栓塞了重要的动脉、静脉,足以致命。很多人理解的栓塞就是一小团脂肪直接进入血管导致血管堵住,其实这里有些不同。很多时候是小血管在抽吸过程中被破坏,导致微小脂肪粒混进小血管,然后在血液循环过程中汇聚,堵住了更小的动脉(或静脉)血管,造成栓塞。而如果这根更小的动脉(或静脉)有重要功能,造成的损害就会较大。

发生这种风险的概率如何?

其实很低。正常情况下,只要医生操作时动作规范轻柔,一次抽脂不超过3000毫升,这种类型的手术引发生命危险的报道就鲜有出现。

然而,如果是大剂量抽脂或者反复在相同部位抽脂,风险就会增大很多。每年几乎都有过量抽脂导致栓塞的病例。过量抽脂意味着有更多的小血管损伤,那么脂肪汇聚的概率自然也就更高一些。

甚至每年都有几个死亡病例。

所以，整形外科里发生的最大的事故，往往也是抽脂或脂肪填充导致的。但凡发生一例，一个医生的职业生涯和前程几乎就会被断送，而求美者更会付出生命的代价。

所以我对抽脂十分慎重，每次操作都非常细致，不想因为自己的任何失误，导致不可挽回的后果。

小曦顺利出院，效果不错，她和丈夫都很满意。

出院那天她欢天喜地，给科里每个人买了奶茶，向我道了谢，健步如飞地走出医院大门。她常年跳舞，近来又玩起了滑板和陆地冲浪板，恢复起来比一般人迅速很多。

我以为这个故事就这么结束了。

不到一个月，小曦打电话给我，说想吸手臂和大腿的脂肪，还说自己非常后悔那时没有一起做掉。

"你也不给我说，我麻醉一次，全都做掉不就好啦。"她故作嗔怒，"小心我投诉你。"

我气乐了："跟你说过一次抽太多不安全，况且你手臂和大腿上根本没有多少脂肪呀！"

"我不管，你给我安排！"

"不行，你才术后多久，没你这么折腾的，点阵激光倒是可以给你安排。手术？做梦吧，你问问你老公答应吗。"

"问他干啥？我决定了，我就要做。而且我太阳穴太凹了，正好用脂肪填起来！一点儿不浪费！哈哈！"

"不行，太早了，起码要恢复三个月。"我想了想，又继续劝，"而且你真的不需要做，你好好锻炼恢复，比什么都好。"

"我相信你，你给我做吧！"

"我说了不行。"

她好像有点儿不高兴，又说了几句，我还是明确拒绝，于是她挂了电话。

我有点儿担心，想着得再找时间劝劝她，可临床上事情太多，很快我就把这件事忘到脑后。

大概两个月后，我在急诊二线值班，碰到几个喝酒打架的找我们缝合。我很奇怪，这些"猛人"打架时一个个龙精虎猛，缝合时又都在那里吱哇乱叫，有那么可怕吗？

突然接到ICU紧急会诊通知，我看了看疑难病例群，患者的信息也发来了：脂肪栓塞，做过抽脂及脂肪填充，彩超显示栓塞部位大概在颈内、颈外动脉交界处。

唉，又是脂肪栓塞。

会诊通知里说，是一个整形机构的患者，术后六小时才送来急诊，简单处理后直接转送ICU。我第一反应是，真该转给小曦看看。

眼睛扫过名字……我一下愣住，那里赫然写着：吴小曦。

我双眼一黑，一口气奔到ICU。

小曦脸色苍白，毫无反应。我迅速检查了瞳孔，左侧散大，右侧针尖样缩小。CT造影显示，左侧大面积脑梗死，栓塞部位在颞下颌关节处，左侧大脑完全没有血供。

我跌坐在椅子上，一句话也说不出来。

神经内科会诊医生很快赶来，向我询问情况。

我机械地诉说着："初步怀疑脂肪栓塞，大脑左半球完全梗死，时间有三四个小时，甚至更久，栓塞部位估计在颞下颌关节，左颈内动脉完全栓塞。"

神经内科徐医生是个三十多岁的主治医师，他叹了口气，开始检查瞳孔和肌力，并且做了些最基本的神经内科查体。

"急诊取栓。"我下意识地说。

"对。"再没有多余的话，大家开始准备给小曦手术。

这时，忽然有人急匆匆奔到ICU门口。门打开，是气喘吁吁、满头大汗的老萧。我不知作为丈夫的他，为何这时才被通知、赶来医院。

我看着他，他看着我："小曦呢，小曦人在哪儿?!"

这时小曦正好被推出，准备转往手术室。老萧一把握住她有些冰凉的手，一遍遍地呼喊她的名字，小曦仍然毫无反应，接着被推入手术室。

那是我第一次觉得，手术室如同一个张着嘴的巨兽，而"手术室"三个字就是它殷红色的巨眼。

老萧瘫软在手术室门口，双手抱着头。

或许是感觉到我在身旁,他抬头望我,好似忽然看到了希望。"她没事吧……"他带着哭腔,"你快救救她吧!"

快救救她吧……快救救"小女子"吧……我忽然想起了什么,于是也进入巨兽嘴里。

身披白大褂的我,那一刻却感觉绝望而无力。

三

这是一场注定失败的战役,结果毫无悬念,我们尽了最大的努力,然而一切都是徒劳。作为整形医生,我知道那一刻自己在手术室里几乎没有任何意义,可我仍然一直站在旁边,偶尔给出一些建议,更多的时候只是期待,期待一个明知毫无可能的结果。

我想起小曦高中时的一颦一笑,那些画面好似就在昨天,然而此刻,陷入床中的她完全昏迷,已然不可能醒来。那张脸依旧熟悉,我多希望她坐起来,哪怕只是睁开眼说一句"感谢上帝,我还活着",和上次一样。

然而身为医生,我比谁都清楚,不可能了。大脑左半球完全梗死四小时以上,那些可贵的白色组织已经完全丧失功能,生机早已离她而去,剩下的大脑右半球也受到了损伤。最好最好的预后,可能也只是长期植物人状态。

那一夜,在走出手术室之前,我靠着墙,站了许久。

我责怪自己:为何当初答应她做第一次手术?又为何拒绝

她做第二次手术？

我一次又一次问自己：如果是我做这个手术，结果会不会有所变化？我不知道答案，但如果因为我……如果是在我的手术台发生这样的事……那我的自责更是无以复加。

她在那家整形机构的手术室到底遭遇了什么，一切无从知晓，只能依靠后期的医疗及司法鉴定。我猜测，医生应该是为她做了脂肪填充颞部的手术，一部分脂滴误入颈外动脉，逆行栓塞了颈内动脉，导致大脑左半球的血供完全被切断。可怕的是，直到意外发生四个多小时后，一直没有醒来的小曦开始全身抽搐，他们才意识到这个问题。在这段观察时间里，医生都以为是麻醉导致了延迟苏醒。

所有涉及脂肪抽吸或者脂肪移植的手术，其同意书中都会明确告知血管栓塞的风险。我不知小曦是否仔细阅读过，是否真正知晓手术的风险。

我们永远无法知道，明天或意外哪个会先到来，只是每个人都单纯地相信，意外不会发生在自己身上。

我不知小曦在被我拒绝之后如何找到了这家机构，为何又不肯告诉我。

我翻看她的微信朋友圈，最后一条是他们四口之家的合照，其乐融融。

我每天去看小曦，然而她一直沉睡，虽然被精心照顾，但还是生了褥疮，全身极度消瘦。在那张干瘪的脸上，我几乎认不出她昔日的容颜。

一夜，我在家，神经内科的同事给我发来消息："319床的……走了。"

我握着手机，陷入长久的沉默。

那一夜，我永远失去了一个朋友。

永远。

四

再次见到老萧，感觉他心力交瘁，似乎一夜之间老了十岁。

他和小曦感情很好，难以想象他会是何等的悲恸和绝望。但他依旧需要上班，膝下两个失去母亲的娃娃需要照料，两边的长辈需要安慰。

我无比自责，然而无法和任何人诉说。

老萧开始维权，起诉、上诉，他如同一个斗士，经历了无数伤痛，又一次次爬起来，为了破碎的家庭而战。

我去了几次他家，两个女孩因为我的到来变得稍许活泼一些。我给她们念故事，陪她们做游戏，却不敢多做停留。老萧经常在一旁陪着，茫然若失，一语不发。

我一遍遍记起小曦来我诊室的画面，她如何锁门，如何坐在我对面，如何双脚踩地让座椅漂移。

这一切为什么会发生？

我不知道。但这种事几乎每年都会发生，只是这次我目睹全程，并且深深感受到其中的伤害和悲哀。

我想，最不希望发生这些的，可能是那个主刀医生。

为何小曦的脂肪填充引起了栓塞？

全身麻醉，无疑增大了这种风险。局部麻醉之下，注脂针误入血管会引起剧痛，患者马上会有反应，此刻主刀医生如果立即停止注射，就不会有风险。而全身麻醉之下，患者无法给出任何反馈。

不打肿胀液，也是一个巨大的风险。有的医生认为打了肿胀液会影响他们判断注脂量，进而影响脂肪填充效果，故而不打。然而，这一问题完全可以通过术前设计和规划来避免。肿胀液其实扮演着举足轻重的角色，它不仅减少了疼痛，更是在为手术安全保驾护航。

我一遍遍分析脂肪填充的流程和风险，把这些体会写到日记里。我不希望自己所有的心得、所有的感悟，都来自失败的案例。

在整形界，脂肪填充的确是风险较大的手术之一。几乎所有新入行的整形医生都会被前辈告诫：对待脂肪移植必须慎之又慎，怎么小心都不为过。可随着经验的积累、手术操作的日渐熟练，以及重复可能带来的麻痹和疲惫感，有些整形医生在操作中会变得大意。整形手术出现严重事故，多半是因为脂肪移植，而造成这类医疗事故的整形医生，却有很大一部分是从医多年、经验丰富的老手。

有时我在想，制定一些规范非常有必要。于我而言，我给自己制定的标准就是每次注射前必须回抽，无论自己觉得这个注射部位有多安全，无论手术进行得如何顺畅，无论手术在这之前已经进行了多长时间，我都会按部就班地严格执行这项操作。

夜深人静的时候，我也怀疑过，坚持这种烦琐而又耗时的操作到底有没有意义？

可如我父亲所言，行医是一辈子的事。一个医生一辈子要做多少台手术？一千，五千，还是一万？如果一个偶发事件的概率不是无限接近于零，那么随着手术例数的增加，是不是任何偶发事件都会必然发生？每思及此，我就心下泰然，自己所做的只是把不确定事件发生的概率尽量降低，低到趋近于零。唯有如此，才能保证我这一生无论做多少台手术，这种不幸都不至于发生在我及我的患者身上。

每一个来问诊的患者，都给予了医生无比的信任，甚至把处置身体的权力交由医生。作为医生，我们应该万分珍惜这种信任，在做任何操作时，都要如临深渊，如履薄冰，方可不负所托。

在此，我要告诫所有的患者，任何整形手术都存在风险，尤其是涉及脂肪的手术。

术前无论如何都要沟通清楚，并且确认自己的确需要手术。抽脂时，一次不能超过3000毫升，可以选择全身麻醉或者局部麻醉。然而脂肪填充时，最好选择局部麻醉，如果要全身麻醉，需要慎重地和医生当面沟通。

我无意夸大手术风险，但每个人都需要对自己负责。我希望每个患者决定或放弃一个手术，都不是出于冲动，而是理性思考的结果。

很久之后，小曦的事故慢慢淡出人们的视线，我发了几条微信消息给老萧，统统石沉大海。我不知他内心深处是否也在责怪我。

直到一个晚上，又是值班。

我看到微信中老萧头像旁多了个提示数字——"2"。

心头忽然觉得沉重，犹豫了一会儿，还是点开了消息。

"谢谢你……谢谢你在这段时间所做的一切，我们都心怀感激。"

随后是一张四口之家的合照。

其乐融融。

有的选择决定人生

每当被人问及职业,而我回答是一名整形医生时,通常迎来的问题就是:

"你看我用不用做个双眼皮呀?"

"我需要隆个鼻吗?"

"我脸上哪里需要动一动吗?"

很抱歉,我无法在一般场合回答这样的问题,当然不是挂号费的缘故,而是因为我们的专业中虽然有容貌的固定模型,但具体审美因人而异,如果不经过一番了解与分析,我也无法给出具体的建议。

和很多年轻医生一样,我也经历过职业的入门、发展,以及难以逃脱的彷徨与迷茫,直到近几年才有了一些自己的心得。在大家的印象中,由于有白大褂的加持,整形医生好像个个具备什么神奇的本领,可以任意打造出一款款绝世容颜。这当然是错觉。面对许多患者的焦虑,我更多的是在安抚,并且努力弄清这些年轻人为容貌而焦虑的真正原因。安抚的次数多了,有时候一天下来,自己也不免沮丧,甚至陷入另一种焦虑之中。

也许每个医生心中都有些职业理想，希望通过自己的技术，为真正有需要的人带来福祉。整形医生也是如此。可在进入整形科的最初几年，我一直体会不到当医生的成就感，一度觉得自己只是个工匠，不过是靠完成他人指定的活计糊口罢了。

第一次体会到整形医生特有的满足与自豪感，还是在我做住院总医师那一年。

一

一对衣着朴素的父母带着一个八岁女孩问诊，大人是典型的南方农村打扮，女孩的衣服倒很漂亮，一身可爱的粉色连衣裙。

女孩抿着唇，神情倔强，甚至透着一丝冷漠。左眼半闭，上眼睑垂到瞳孔，遮住了一半左右的眼球。不用说，先天性重度上睑下垂。

这孩子从小左眼就睁不开，睁眼时得经常用手辅助，有时甚至需要很用力抬起眉毛才行。上了小学，引来同学嘲笑和排挤，女孩个性强硬，有人嘲笑她，她就拳脚相向，及至老师家访，父母才觉得不妙。

女孩进了诊室，紧紧盯着患者送我的一个玩偶小熊。她抬着头，看了许久，左眉高高耸起，左眼露出一条缝隙，似乎在努力从这缝隙中寻找透进来的光明。

她就那么盯着玩偶，偶尔看看我，却从不和我有任何眼神接触。我有些吃惊，通常小朋友进来，看到这个玩偶，会直接伸手拿来把玩，我能感觉到这个女孩也被玩偶深深吸引住了，可她就是一动不动，抿着唇，默默盯着。

"刚开始她说有点儿看不清，早上醒来，左边眼睛会有很多眼屎。"母亲边说边看向女孩，皱着眉头。

父亲问："这个要怎么办？手术？"他身上的棕色T恤略微有点儿褪色，用一条黑色皮带扎到裤子里，钥匙挂在腰带上。

我右手按在女孩的眉弓处，让她闭眼、睁眼。如我所料。我望向父亲："这是先天性上睑下垂，要手术。"

短暂的沉默。

"这个必须手术，不然可能影响视力。"我一边说一边考虑要不要再强调一下——也许还会引起失明。

"要多少钱？"父亲开口了，"贵不贵？"

我说了手术费用。通常，医生不大喜欢一开始就被问费用的事，搞得好像所有事情都是买卖一样。但我觉得可以理解，也可以接受，这个世界就是这样，同样是到餐馆吃饭，有人可以不看账单，有人会先确认每一道菜要多少钱。

"医保可以报销一部分。"我加了一句。

"她没有医保。"父亲有点儿不耐烦。

母亲抬头看我，又皱眉看着女孩："我们考虑一下，谢谢医生。"女孩一直低头站在那里，看着自己脚下，一言不发。

目送他们离开，我感觉这一家人很可能不会再回来了。每当这种时候，我都会怀疑自己是不是看起来太年轻，不足以获得别人的信任。一个整形医生，每日面对各种容貌焦虑，一个个咨询者全都恨不得返老还童，没想到整形医生自己竟然要焦虑如何才能看起来老成持重一些。

还是下班吧。

就在出门的一刻，我看到那个女孩一个人在诊室门外。只有那么短短一瞬，她的目光与我相遇，接下来她仍旧低头看向自己的脚尖。

我走过去，摸摸她的头，小家伙虽然已经上小学，但看起来比实际年龄小了许多。她不说话，我转身回到诊室，拿了桌上的玩偶小熊递给她。她稍微犹豫了一下，迅速接过小熊，目光在我脸上稍微停留一下，就低头摆弄起来。

我忽然觉得有些心酸，这孩子似乎很敏感，总是一语不发，是害羞，还是自卑？

为避免打扰到她，我回到诊室，没承想她也亦步亦趋，跟了进来，坐在我对面，轻轻拍着小熊的后背。那种温柔，很动人。

"萱萱，萱萱！"不一会儿，听到一阵焦急的呼喊，我走到诊室门口探出头:"在这里。"

"谢谢医生,谢谢!"母亲拉着女孩的手,叫她起身。

父亲也出现了,看女孩有点儿不愿离开,不耐烦地吼了一句:"把那个还给医生!"

女孩明显吓了一跳,怯生生地要把小熊放回原位。

"没关系,没关系,这个送给她。"

"那怎么好意思。"母亲忙说,"快给医生放回去!"

女孩顺从地放下小熊,转头看我,却被父母拽了出去。

不久,门外安静下来,门诊大厅的灯灭了。

关上诊室的灯,我看了看那只小熊,它孤零零地坐在那里,在满屋的幽暗中睁着一双大眼。

二

又一个下午,我像往常一样准备下班,那天,我多少有点儿兴奋,刚过了主治医师的考核,打算和几个同事一起好好吃一顿,庆祝一下。我也像往常一样,在下班前打开微信,看看有没有患者的咨询还没有回答。

解决完几个问题,忽然发现医院的特殊病例交流群有些热闹,点进去一看,大家在讨论一个自残的小孩。

孩子才二年级,割腕,所幸几刀都没有伤及动脉。照片里左手手腕接连几处伤痕,新旧混合,显然这种自残不止发生过一次。孩子的手腕纤细,更衬托出伤口的狰狞。

大家纷纷在群里感慨父母的失职和孩子的无助。

"因为成绩还是父母压力？孩子年龄够小的，全家都应该找我们马医生聊一聊。"我在群里说道。马医生是我院心理治疗的大家，对儿童心理学有深入研究。

"不，应该找你。"群里另一个医生说，并且@了我。

我很吃惊，虽然我也通过了心理咨询师考试，然而只是出于兴趣，对儿童心理学更是没有钻研。"为啥找我？"

接着，我看到一张经过处理的照片，照片上非常显眼的是一大一小两只眼睛。左眼几乎无法睁开，而且一看就经历过手术，瘢痕明显。

我心头一震，急忙私信那个医生："这个孩子叫萱萱吗？"

"神了，你怎么知道？"

"这孩子在哪儿？"

很快，我见到了萱萱，她的左手经过包扎，已然不再渗血，而那个睁不开的左眼，上方增添了一道瘢痕。

"萱萱。"我叫她。

她迅速扫了我一眼，依然没有什么表情，嘴好像抿得更紧了。但那一瞥间，我知道她也记得我。

母亲站在她身边，看样子很焦急。

"医生好。"她声音特别轻，似乎做错了什么似的，"我们……我们带她在本地医院做了手术，好像……好像不大成功，

第一章　行医是一场修行

我没想到孩子那么敏感,她一直穿长袖,我都……都没有发现。"

我一时不知该说什么。

"你……带之前的病历了吗?"过了一会儿,我问。萱萱一个人坐在椅子上,垂着头,对眼前发生的一切好像并不在意。

"没带……我……我有照片。"

母亲翻起了照片。

手术是一年前做的,是在离开我诊室后一周左右,当地医院的医生为她做了提上睑肌缩短术。一看这行字,我就皱起了眉,唉,她不适合做这样的手术呀。在医生和家长做出这种选择的当下,结局几乎就已经注定。

"提上睑肌缩短术"这个命名,动词和名词混在一起,非专业人士不容易理解。其实,"提上睑肌"是一个完整的词,这种肌肉可以理解成一根橡皮筋。有的人眼睛上的这根橡皮筋十分松弛,提拉上睑的力度不够,那怎么办?天才的医生发明了一种手术,就是把提上睑肌收缩、折叠再缝合,并且在中间离断。如同把一根松弛的橡皮筋对折,这样在同样长度下,它的弹力就会增加许多。

这的确是天才的发明,它通常可以矫正轻度上睑下垂,但对重度上睑下垂却几乎无效。

为什么?既然是"重度",对应的自然是提上睑肌肌力极弱的情况。而这种情况下,提上睑肌无论怎么缩短,产生的弹力都不会达到所需要的程度，就像无论如何折叠橡皮筋，也不可能把它当作卡车上的弹簧来用一样。

针对特定的病情，在不同的手术类型中选择合适的方案，我们称为"术式选择"。遗憾的是，萱萱的这个手术，不仅术式选择不当，还留下了明显的瘢痕，这导致本就羸弱的上睑，进一步失去了力量。

此刻，萱萱的左眼已经几乎无法睁开了。

"提上睑肌缩短术的确适合部分轻度的上睑下垂，但萱萱的情况比较严重，需要用额肌瓣悬吊，哦，就是用另一个肌肉来代替提上睑肌……可能需要再次手术才能恢复正常。"通常，我们不在患者或家属面前否定前一个医生的手术或治疗，这是医疗界的惯例。

"啊？还要手术吗？"听到手术二字，母亲好像十分痛苦。

"恐怕是的……"我轻轻叹了口气，她也许正沉浸在自责与懊悔中，也许是惧怕未来的风险和花费。然而有时，我们无法给予真正的安慰。

"好，我，我回去同她爹……商量商量。"

"好的。"我尽量放松表情，但心里禁不住想的是：如果第一次手术就在这里完成，萱萱也许现在已经恢复得不错了。

母亲向我道谢，过去牵女孩的手，女孩从椅子上站起，随着母亲经过我身边。

我站到急诊室门口，想目送她们。

"我要手术。"在出门的一瞬间,女孩回头,看了我一眼。我清楚地听见这几个字从女孩的口中吐出,似乎不带感情,而又异常坚决。

"我要手术。"

母亲愣了,轻轻拽了拽女孩的手,萱萱却一动不动。

三

不知是出于女儿的坚持,还是自己又燃起了希望,萱萱的母亲办理了住院手续。

术前,女孩又一次来到我的办公室,她看起来如此娇小,马上要上三年级的她,却好像只有六岁的模样。她一直沉默,回避着我的目光。

她依旧盯着那只玩偶小熊。我拿下来放到她手中,这次她只是默默抓着,却没有把玩。

我简单说了一些手术的注意事项。女孩母亲一直很担心术后无法完全闭眼的问题,我说这种情况大概只会持续三个月,她才稍稍安心。

麻醉方案是镇静麻醉。之所以没有选择全身麻醉,是因为我需要萱萱术中配合,只有她睁开眼,我才能判断双眼是否对称,也才能确保手术达到预期效果。

我设想了各种情况,分别制订预案。虽然已经做过许多这方面的手术,并且在韩国留学期间,我的导师朴大焕教授正是这方面的国际权威，然而我多少还是有些兴奋，有些忐忑。

第二天，萱萱的手依旧缠着纱布，这没有大碍。护士打好针，一切准备就绪，麻醉、消毒、铺巾、打开无影灯。这是属于我们的舞台。

按照术前设计，我割开上睑皮肤，切除瘢痕增生的皮肤。之后，助手用拉钩暴露了手术视野，我内心凉了一下，尽量控制着表情。

萱萱的上睑皮肤下，眼轮匝肌和眶隔之间满是瘢痕粘连——眼轮匝肌是构成眼睑的核心肌肉之一，主要负责睁眼运动，而眶隔，简单说就是一层包裹着脂肪的薄膜。我试着提拉这些粘连组织，可瘢痕粘连导致原本应该疏松的组织又韧又硬，还全都粘在了一起。

这是我最不想碰到的情况。

当天的手术，我准备采用单一切口——只在上睑做切口。通常这种手术还需要在眉弓下另做一个切口，以便分离出额肌瓣。额肌是人体前额上一块薄薄的肌肉，主要功能是提起眉毛，而额肌瓣可以简单理解为额肌隆起的那部分。为减少损伤，我选择了只在上睑做切口。这当然会增大手术难度，甚至连我的导师都会慎重采用，但我觉得值得一试。

可眼下的情况十分棘手。

我停下手上的动作，深吸一口气，稍做思考。办法还是有的，我需要把眼轮匝肌和眶隔翻起来，暴露出下面的提上睑肌，再往上暴露整个额肌瓣，分离，切割，把额肌瓣拉下来，最后做一个悬吊，固定在提肌上。

复杂吗？的确，然而只有这样才能从根本上一劳永逸地解决问题。

我试着用电刀一点点分离眼轮匝肌。眼轮匝肌和眶隔粘连一片，每种具体组织的分辨都十分困难。如果我不慎把萱萱的提肌损伤，那不要说睁眼，连这只眼睛都很可能会永久失去功能，而且再也无法睁开。

忽然，许多血液渗出来，整个手术视野瞬间一片模糊。

瘢痕粘连的组织容易出血，外科医生都知道，在这么小的区域，即便是一点点出血，都会完全遮挡手术视野，令我什么都看不到。

年轻的助手明显慌了，想拿吸引器去吸，我一把抓住他的手。吸引器的确能够吸附血液、脓液等各种内容物，但如此纤薄脆弱的组织，以吸引器的抽吸力度，很可能直接破坏结膜、损伤眼球，那等于直接把萱萱的眼睛毁了。

我让助手用纱布止血，每次血液一吸除，我就极力找寻那个出血点。

重复五六次之后，终于找到了出血点，那是非常小的一个动脉，却执着地一点儿一点儿往外泵血。

如今回想，仍然觉得有些后怕，那确实是极为凶险的情况，好在我并不是第一次遇到。早前在韩国留学时，有一次跟着教授手术，也是碰到这样的小动脉出血，血液直接把教授佩戴的显微眼镜给糊住了，就连站在旁边的我，口罩上也留下一串血珠。那时，我不知哪来的胆子，快速用镊子夹住出血点，来了一次电凝——一种借助电流来切割组织或止血的操作，仪器产生的电流能够加热组织，导致蛋白质变性，从而封闭血管。

就这么一次电凝，出血止住了——其实不难理解，毕竟出血点十分细小。及至护士把教授的镜片擦干，手术视野已经非常干净。

镊子、钳夹、电凝，和上次一样，出血止住了。

我听见身旁的助手长长出了一口气。

然而我停了下来，不敢再冒险。这些组织粘连得太严重，而且因为上次的手术，已经几乎全部被破坏，任何一次触碰，都可能再次导致出血，这样下去，手术是无法完成的。

助手见我停下，拿湿纱布盖住伤口，看着我。

忽然间，我有了一个大胆的想法。

可是我应该尝试吗？

萱萱还小……

此刻我有两种选择。一种是放弃额肌瓣悬吊，改用针对提上睑肌的手术方案，新方案的效果会很有限，而且几年后患者必将完全恢复原来的模样，但这样安全。而另一种选择是……我想到，既然从正面不行，何不反其道而行之，从后面——也就是睑结膜处——寻找突破口？

睑结膜是覆盖在眼睑内侧的薄层黏膜组织，属于结膜的一部分，专门负责覆盖和保护眼睑内表面，起到润滑眼球、减少摩擦的作用。这样说或许还是不好理解，简单地说，当你翻开上眼睑，或者做鬼脸翻开下眼睑时，看到的那层黏膜就是睑结膜。从这个地方做切口，由于其层次在提上睑肌后面，因此会比从正面入手更容易分离肌肉。

我望了望助手，他也正望着我，那表情应该比我更茫然吧。

还是得做！

萱萱已经历过一次没有效果的手术，如果新手术之后改善微乎其微，她一定会更绝望。而且我设想的手术方案应该没问题，的确有医生这么做过，如果成功，就真是一劳永逸了。

可是等等，万一手术失败呢？

万一真的失败，再次手术的可能性几乎为零，萱萱的左眼将彻底丧失功能，而且再也无法睁开。萱萱可以冒这个险吗？

在每个外科手术台上，每一次手术，每一位医生，都面临这样的选择。即使术前准备再充分，术中的情况也不可能完全预料到，总会出现需要当机立断做出选择的时刻。

有的选择决定生死，有的选择决定人生。

这就是外科医生的使命。

萱萱想要什么？

我忽然看到她露在外面的左手，此刻，手腕处依旧缠绕着纱布。我想，她已经做过选择了。

这一刻，我终于下定决心。

四

我让助手上翻萱萱的眼睑，就像眼科检查眼睑一样，把整个眼皮都翻转过来。助手有点儿手忙脚乱，毕竟他从没这么做过。

睑结膜暴露后，我在那里注射局部麻醉药，让整个组织膨胀起来——这样提上睑肌就可以很好地和睑结膜分离。

在外眼角附近的结膜处开了个口之后，我把蚊式钳（一种较精细的止血钳）轻轻伸进去，开合了几次，感觉到有一个空隙——心中不由暗喜。

就是这个间隙。

这意味着我应该已经把提上睑肌同睑结膜分离了。

很好。

一毫米一毫米地行进，我分离出了薄如蝉翼的提上睑肌——至少我是这么认为的。

蚊式钳从后面往前探，我又把上睑翻回来，在肌肉末端打开一个小口，让蚊式钳的尖端伸出来。这时我似乎感觉到，自己体内的肾上腺素水平正在急剧上升，手术已经进行了两个来小时，我没有丝毫困倦，做了这么多精细动作之后，精神却更集中了。

借着伸出的蚊式钳，我们终于一点儿一点儿地把提上睑肌和与之粘连的组织分开。

此刻，我可以感受到助手的喜悦，哪怕他戴着口罩。

这种幸福感，只有在拿着手术刀时才能有所体会。

助手兴奋不已，我顾不上让他冷静，还好接下来的操作——暴露额肌，并没有太大技术难度。把额肌暴露出来是为了分离它，分离并不费力，但是因为暴露困难，我只能在半盲视的情况下分离。

先是两端，切断，迅速止血。好，接着要把整个肌肉分离出来。这就像要用小刀在案板上把豆腐的网状表皮从豆腐上分离，又不能损伤一点点表皮或切到内里，必须精准找到它们的分界，轻柔地将其分离。差别在于，额肌的边界甚至还没有豆腐表皮那么清晰。

不久，我把整个额肌瓣分离出来。试着往下拉了拉，弹力不错，太棒了。

按照原先的设计，我在三个点上把额肌和分离出来的提上睑肌缝合。

接下来，我请麻醉医师唤醒萱萱。

作为医生，我们吩咐一个助手或者护士时，常常直接命令，然而对于麻醉医师，只能说"请"。医生和麻醉医师，就如同一个壕沟里的战友，谁都离不开谁。

现在，轮到麻醉医师的表演了。

我有点儿紧张。

现在是最关键的时刻，我们必须有萱萱的合力，才能完成这个手术。

停药，呼叫，萱萱半梦半醒，她在梦呓。

麻醉医师帮助她在手术台上坐起。外人可能无法想象，在一台外科手术中会让患者这么直挺挺地坐起身子，但在我们整形外科，这是常态。

"睁眼，萱萱，睁眼。"我轻轻拍打她的额头。

她没有配合。

"睁眼啊，萱萱，把眼睛睁开。"

还是没有睁眼。

我望向麻醉医师，他摇摇头，示意自己这边没有问题，或者说，他也没有办法。

"拜托，睁一下眼睛。"

萱萱终于有了动作。她轻轻睁了一下眼，似乎又十分难受，眼睛一下子闭得更紧了。

她伸出手来,想揉搓眼睛,麻醉医师赶紧抓住。

镇静麻醉状态下,患者不会非常清醒,这时候就看萱萱的意志够不够强了。

"小熊!"不知为何,我突然这么喊了出来,"睁一下眼!"

萱萱忽然有了反应。她在努力睁眼,先是右边,紧接着是左边。

就这样,萱萱这辈子第一次同时睁大了双眼。

对称!首次缝合居然就对称了。

我难掩激动,萱萱却眼神迷茫,依旧沉浸在镇静药的作用中。

"睁眼看前面!"

我一边呼喊,一边跑到萱萱的正前方。对称,两眼大小几乎相同。

助手也跑过来,高呼:"很对称,太棒了!"

我们确认了几次,重新让萱萱躺下。剩下的事情就简单了,打结,把所有组织复位,然后细细缝合皮肤。缝合完毕,我再次确认双眼的状况,这次萱萱很快就清醒过来。

"瘢痕也没有了。"助手提醒。

看着那双睁大的眼睛,我心中暗叹:

"没问题了。"

五

在新生儿中，先天性上睑下垂的发病率大约为0.12%，也就是说，一千个新生儿中大概有一个会出现较为明显的上睑下垂。目前，这种疾病只能通过手术治疗。

如果是轻度上睑下垂，其实还好，主要问题在于影响美观。手术治疗可以安排在六七岁，甚至推迟到成年亦可。然而如果是重度上睑下垂（上睑缘覆盖到瞳孔1/2处），一定要尽早治疗，否则容易影响视觉发育，导致弱视，严重的甚至可能失明。

幸运的是，重度上睑下垂很难不被发现。即便儿童尽力睁眼，上睑仍然无法睁开，以至于覆盖瞳孔，这种特征非常明显，几乎不可能被家长忽略。

然而很奇怪，或许是因为我所在城市的原因，我在国内没怎么做过上睑下垂手术。绝大部分这种手术，是我在韩国留学期间和教授一起完成的。在我留学期间，一共完成了67例上睑下垂矫正手术，最小的孩子大概2岁。

如果考虑矫正上睑下垂，我个人认为，去三甲公立医院的安全系数超过任何别的机构，包括那些大型机构。原因大抵在于，上睑下垂矫正术实在是一个吃力不讨好的手术，矫正过度或不足都容易导致双眼不对称。于很多经济并不宽裕的患者家庭来说，费用较高；于私立机构而言，并没有多少利润空间。

很抱歉，作为一个医生，我不得不多次谈到利润。私立机构的技术并不一定比公立医院差，在很大程度上，一些整形美容手术他们做得一点儿都不差。可私立机构属于商业机构，需要生存，故而大多数"咨询师"看到这种家庭经济状况不佳的上睑下垂患儿，都会拒之门外，这也导致私立机构医生在这种手术上经验不足。而大量患儿涌去三甲公立医院，又让公立医院医生积累了做这种手术的经验，手术能力自然也会更强一些。

平心而论，很多公立医院医生或多或少会对私立机构有点儿反感和轻视，可在这个领域工作越久，我越发现这种情绪很多时候只是自命清高。有些私立机构的手术量，完全可以比肩公立医院，而他们的缺陷主要表现为两点：一是不重视学术，所以私立机构医生在学术界通常人微言轻；二是缺乏某些整复手术的经验，这其实并不一定是因为医生不行，还可能是因为私立机构特有的"咨询师"作为第一道屏障，早早把这类患者拒之门外了。

简而言之，每个大型三甲公立医院都会有整形外科或者整复外科，如果有矫正上睑下垂这种整复方面的需求，可以优先考虑三甲公立医院的整形科室。

六

萱萱又住了两天院，我每天都去看她，这孩子恢复得极好，很快就在病房走来走去，还要不断睁一睁那只终于能轻松睁开的眼睛。

第三天，她们回家了，正赶上我休息，我没能送她。

我不着急，因为她还会回来拆线。

那几天，我时不时会有一丝喜悦涌上心头。外科医生通常不会收到鲜花和掌声，然而很多时候，我们的内心会因为一种幸福感而充盈无比。

第七天，萱萱回来了。还是母亲带着她，不知为何，这次住院她的父亲一直没有出现。

她眼睛上的纱布拆了，手腕上那些伤口也渐渐愈合。

"我要拍照了，萱萱别动。"

她忽然露出一个微笑，我的相机正好拍下，这是我第一次看到这个女孩露出笑容。

"谢谢，谢谢医生。"母亲一再道谢，还不忘督促正在摇头晃脑的萱萱，"快啊，快谢谢医生。"

"谢谢医生哥哥。"

她和我对视的一瞥之间，我居然在她的眼神中发现了一丝顽皮。

她们转身出门。

我想这很可能是最后一次和她们母女见面了，也站起身来。

"小熊!"我叫了一声。

女孩回头,我也赶紧回头,从桌旁拿起那个玩偶:"这个送你。"

女孩和母亲都有些诧异,我笑着问:"你的小名是叫小熊吗?"

女孩笑了,却没答话,她接过玩偶,紧紧抱住,亲了亲小熊的额头。

母亲说:"不,不,她小名就叫萱萱……但很小的时候,她爹一直叫她小熊……"

一次本该避免的事故

行医,无论在哪一个科室,都有很重要的一点,就是要把患者当作人来对待。

所谓"医德",就是医者不能把任何一次治疗当成实现个人目的的手段,无论这个目的是什么——挣钱也好,出名也罢。医生只能把治愈他人作为唯一目标,这种治愈可能是身体上的,也可能是心灵上的。

古人说:"吾日三省吾身。"我不敢自比,但每天也会留十几分钟给自己,回顾一天的言行:是否违背了学医的初心,是否掺杂了个人的私欲。这的确很难,但我告诉自己,必须做到。

促使我这么做的,其实是一个患者,一个我需要终身感念的人。

一

每个行医者都渴望自己能妙手回春,在旦夕之间救人于水火之中。如果有人问我,医生最大的虚荣是什么,这就是我的

第一章　行医是一场修行

答案。

刚进入医院那段时间,我总是很在乎手术效果,热切希望通过一两次治疗让求美者的外貌得到较大改善,以此证明自己的手段高超。

而且,越是年轻的医生,越容易有一种莫名其妙的自信——总归是碰壁碰得少,接触过的患者基数不够大。随着慢慢成长,我们便越来越趋向于保守与微创,甚至在手术风险和效果欠佳之间,往往会选择后者。为何?你可以有十个患者效果一般,大不了再做一次治疗就好,然而只要有一次意外,便难免给患者造成伤害,有的整形医生甚至就此断送职业生涯。

在肆意进取的职业生涯初期,我就结结实实碰了个壁。

她是一个餐饮店老板,店面不小,生意火爆,而且独具一格,在我们当地颇有名气。

之前相识,是因为我和主任共同为她完成了一台手术,在治疗过程中听她讲过自己如何一步步由小做大,其间辛酸令我动容,她的吃苦耐劳、长袖善舞,更让我由衷敬佩。于是等她再次找我做治疗时,我二话不说就答应了下来。

这种莽撞不仅伤害了她,也让我自己无比后悔。

因为开店需要,女老板难免要与客人应酬,有时是小酌,有时一整晚都放不下酒杯。对此,我也十分同情。她找到我的时候,已经是字面意思上的油光满面,脸上的毛孔显得较大、较深，完全一副脂溢性皮炎面容。

脂溢性皮炎是一种常见的慢性皮炎，病名似乎不难理解，所谓"脂溢性"，并不是指"皮脂分泌过多"，而是指"发生于皮脂溢处"，比如头皮、面部，尤其是面中部和面颊。主要症状是脸上有黄红色斑片或红血丝，并常常伴随油腻性鳞屑、结痂，以及不同程度的瘙痒。

当时科室恰巧新进了一台射频治疗仪，可以改善毛孔粗大和皮脂腺分泌过多，进而治疗脂溢性皮炎。

所谓"射频治疗"，其实就是各类"黄金微针"，原理是利用微针反复刺入皮肤，并通过射频发射能量，加热不同深度的组织。这种热效应可以刺激真皮层及深层皮肤，促进纤维细胞分泌胶原蛋白，从而提高皮肤弹性，改善皮肤松弛、毛孔粗大、痤疮瘢痕等问题。

听起来是不是很赞？不过等等，它的风险呢？

那时候，对这种技术的宣传铺天盖地。但三甲公立医院引入新仪器时通常较为谨慎，尤其是整形科。所以到我们科引入这种仪器时，社会上做过相应治疗的人群已经非常庞大。因为需求强烈，各品牌都推出了类似产品，产品质量难免参差不齐。如果治疗强度过大或进针过浅，使放热集中在表皮层，就可能导致皮肤局部烧伤，严重的会出现色沉，甚至局部形成瘢痕。

那时的我，无论是给患者施行激光、注射还是手术治疗，收到的反馈都不错，事业处于上升期，正处于盲目自信的阶段。设备引入后，我也上手尝试过，觉得这个仪器操作起来十分简单，自己应该可以掌控。

"郭医生，我相信你，你尽管给我来。"女老板的性格极其开朗。

"可能会很疼，你能忍受吧？"

"这点儿苦算啥？开店之后，我真的什么都不怕了。"

她并不算十分美貌，却精明强干，处处透出一种飒爽之气。

"护士会帮你涂麻醉药，治疗大概四十分钟后开始，准备一下吧。"

"好，我等你。"

此时此刻，我真希望回到那个瞬间，警告那个年轻的医生，永远保持敬畏，永远保持谦卑。

二

四十分钟后，护士为她洗掉麻醉药，我们准备开始治疗。

黄金微针这类射频治疗，需要破坏皮肤，我用的这款有二十八个微针针头，可以比较迅速地加热皮下层次。理论上说，应该能达到较好的效果。

我划好区域，消毒，一切准备就绪。

"可能会比较疼，如果太疼，一定要告诉我。"

"好的,没事,我不怕疼。"

我先用低能量把全脸打了一遍。其间不断询问是否很疼,她只是默默摇手,示意我继续。我当时并不清楚,她不是不疼,而是真不怕疼。那是一种长期面对各种苦难之后的坚忍,她需要为员工考虑、为餐饮店考虑,不得不坚强,或许早已习惯默默忍受。

后来我回忆,在用低能量打第一遍时她应该已经很疼了,可她一声没吭。

我知道她有一个女儿,不是很成才,已经长大,却仍需要她不断资助。她有一个感情很好的老公,也是一名医生,平时工作忙碌,无法分担她奋斗的艰辛。她曾经想放弃,却因为员工的殷切期盼,一直坚持下来。而且也许,她内心深处喜欢这个工作。我是因为前面那次手术,才如此深入地了解她的故事。所以当她接受我的治疗时,我满心想帮助她,希望一次就能有显著效果。

就这样,我们完成了第一遍治疗。

我问她疼痛是否剧烈,她轻轻说没事,还好。

于是第二遍,我稍稍加大了能量,但总能量并没有达到仪器预设值的一半。那阵子我已经展开多种激光治疗,这让我有一种自信,发自内心地认为只要能量不超过仪器预设值的一半,应该都在非常安全的范围内。

但第二遍一开始,我就感觉到她在强忍疼痛。我把进针的间隔拉长,从而降低治疗速度,以利于组织缓慢受热。这次治疗主要是想提升她的下颌缘和面部组织。

进行到接近面颊时,我感到她有点儿忍受不了了,赶紧停止治疗。

我让她冰敷。她冰敷了二十分钟,默默流着泪水。
脸部有点儿肿。
我一摸,皮肤仍然火热,于是又让她冰敷了十分钟再走。
当时我就有点儿忐忑,她脸部肿胀看起来比较严重,局部进针部位也有红肿。我想,会不会是自己加的能量太高?但同时我又在安慰自己,能量参数一直在培训要求的范围内,应该是安全的。那是不是二次叠加治疗导致了损伤?我不知道。

下班后,我陷入担忧,有点儿后悔自己第二遍治疗时提高了能量。我把事情经过报告给主任,同时征求我父亲的意见,他们也都有点儿担心,让我好好观察。

晚上,我正要发信息问候,她的信息先到了,是张照片。点开一看,肿胀严重。我眉头一紧,忙把照片转发给主任和我爸。

几乎同时,他们发回了内容几乎相同的判断:大概率会色素沉着,下颌缘几个部位有凹陷性瘢痕可能。

我握着手机,抬头看向窗外,深深体会到作为一个医生的担忧与自责,这种感受也许每个医生都要经历吧。

三

我请她第二天来科里看看。

她下颌缘靠近下颌角部位有零星的皮肤损伤,第二遍治疗时微针进针处有明显红肿,且伴随一些组织液析出。

我赶紧做了烫伤处理,用烧伤膏湿敷,薄涂生长因子。但我还是非常担心形成瘢痕。这样深度的创伤,也许已经损伤到真皮层,这意味着很有可能导致皮肤瘢痕修复。所谓"瘢痕修复",是指损伤的皮肤因无法完全恢复原貌,而由纤维组织重建的情况,通常见于浅二度烧伤。

我内心很纠结,很困惑。主任向我问明操作的具体参数,也觉得奇怪——按理来说不会造成这种程度的创伤,更何况厂家在培训中一直强调这台仪器有过热保护机制,如果温度过高,仪器应该会自动退针,从而保护组织。

为何这一保护措施完全没有奏效?我们联系厂家,提供了所有数据,得到的答复却是:个体问题。

个体问题?

对于求美者来说,这是非常严重的创伤,这样的"个体问题",根本就不应该出现呀!

以我所知,激光类的治疗如果能量过大,确实有可能造成严重色沉,甚至烫伤。所以每次做类似操作时,我都极其谨慎。可是,任何一台仪器,在能量参数低于最大能量的一半时，按理来说都是相对安全的，为何射频类仪器会出现这种问题？

连续几周，我都觉得不安。

一是因为自责。毕竟我十分重视这个患者，她不光是求美者，更算得上是我敬重的朋友。我知道，最初的肿胀超过了四天，这预示着后期修复肯定会很漫长。并且第二遍治疗的那几个区域，都或多或少地出现了皮肤破损，每块大概有指甲盖那么大。这会不会形成瘢痕？我无法不去担忧。

二是因为疑惑。为何这种程度的治疗会出现如此严重的损伤？这个仪器可以信任吗？是操作问题、仪器问题，还是如厂家所说，属于个体差异？甚至说，三者都有？

紧接着，我们开始修复治疗。起初，女老板挺配合，慢慢地，个把月过去了，她焦虑起来。

她一遍遍发微信消息问我：会不会留疤，要怎么办？

我每次都认真回复，然而这既无法安抚她的情绪，也无法说服我自己的内心。

事情过去两个月，她不再同我交流。这不难理解，我想她很可能已经从开始的郁闷、怀疑，转成了愤懑。为回避可能的冲突，主任叫我不要再联系她，后续治疗交给科室其他医生。相关的治疗方案我其实都知道，但我不敢联系她。

好几个夜里，我从噩梦中惊醒，梦见女老板的脸上全是瘢痕。

或许也是安慰我，科室里几位医生说：这不算什么，治疗做得多了，类似的偶然事件终会发生。但我那时对每个患者都投入了过多的感情，这让我更加自责与担忧。我变得抑郁，再也没有了自信，开始回避任何有挑战性的治疗或手术，每天上班、下班，恍若幽魂。

事情过去大约三个月，有一天中午，护士长悄悄和我说：女老板今天过来了。

这么一说，我想起来，上午确实在走廊里和一个戴着口罩、帽子、墨镜的女士擦肩而过，我感觉她似乎在看我，却没有太留意——那种状态之下的我，不爱和人眼神交流。

"为何不和我说？"我问。

"大家看你这样，都有点儿担心，怕你知道了反而更糟。我们在给她治疗，你放心吧。"

我能不担心吗？我一边心里嘀咕，一边问："她……她好些了吗？"

"色沉还挺明显，下颌有几处地方……主任说可能会留下轻度瘢痕。"

我心头一紧，果然出现了瘢痕修复。这是我最担心的地方。对于一个非常在意自己容貌的人来说，再轻微的瘢痕可能都完全无法接受，更何况还是"有几处"？

"这么严重吗？你们的治疗方案是什么？"

"不是太严重啦，只是有几处地方，主要因为现在色沉明显，所以她有情绪。最近的治疗，主任都是先用Vascular血管滤光片去除色沉和红印，再用激光点阵治疗那些比较深的凹陷。"

"那我……该不该联系联系她？"

"唉，我和主任都觉得你还是先别联系了，等她稍微恢复、心情好点儿再说。这时候联系，说不定反倒会刺激到她呢。"

我点头，默默吃饭，但胃口全无。

那时候，我已经轻度胃溃疡，稍微多吃一点儿，胃部就会隐隐作痛。

四

又过了一个月，早会时，主任忽然说："我们是不是该去赵姐店里聚个餐？之前经常去吃，那件事情发生后好久没去了，我看她有点儿情绪，似乎感觉我们都疏远她了。"

"找个时间去吃吃饭，安抚一下也是应该的。"护士长附和。

"那周四去？大家安排出时间。"

我没说话，甚至没敢抬头。

自从女老板拒绝和我沟通之后，我再也没有和她见过面——如果走廊上那次不算的话。科室为保护我，也为避免冲突,一直没让我参与后续治疗和随访,而我自己也实在没有勇气去联系她,更别说当面道歉了。

无论如何,这实在是我的严重过失,我确实应该道歉。可是那时,我完全没有勇气承担责任,就像个躲在大人身后的孩子似的。

"小郭,你也一起吧。"主任又说。

"好,我一定去。"

满口答应之后,我开始忐忑,不知她究竟恢复得怎么样了,也不知她是否在怨恨我,更不知自己面对她的时候有没有勇气道个歉。

周四晚上,我早早和科里人一起出发。

女老板等在店门口,招呼我们进去。她戴着口罩,也许是为了预防病毒感染,也许……

我像早前那样跟她打招呼,她转过身去,我不知她是否听见了。

护士长拍拍我肩膀,我们一起走了进去。

用餐期间,女老板过来招呼了好几次,气氛融洽,直到主任开口提到她脸部损伤的事。

她沉声说:"我们先不说这个。"

于是主任换了个话题,问最近生意如何,女老板开始抱怨疫情让她浪费了多少材料,又损失了多少生意。很快,她闪身出门，想必是去接待另一桌宾朋了。

女老板一走，善于搞气氛的陈医生轻拍桌子，和大家说："最近的恢复治疗很有效果，估计赵姐也已经释怀了，那咱今天不说这个，就好好吃饭，大口吃肉！"

房间内逐渐欢快起来，看来，之前每次女老板进来时，变得局促的不止我一个。

过了一阵子，女老板再次进屋。

她向主任敬了一杯酒："主任，今天当着大伙儿，我还是要说几句心里话。"

"您说，赵姐。"主任眉头微皱，看得出来他也深感不安。

"我找小郭治疗，结果变成这样。"她摘下口罩。

当时我真是无地自容，盯着她的几秒钟是那么漫长。第二遍治疗的几个地方确实留下了一些深浅不一的色沉，好在也可以看出，经过三个多月的后续治疗，色沉正在慢慢变淡，后面再继续治疗的话，应该可以完全改善。然而，在下颌缘的地方，却能看见一两处不明显的凹陷性瘢痕。唉，我紧紧咬着嘴唇——这种瘢痕肯定需要较长的时间修复。

"你们后面也给我做了一些治疗，但我不满意。我不满意的地方是，小郭医生作为当事人，没有承担起应该承担的责任。我不满意的地方是，每次治疗他都没有出现。哪怕只说一句真心诚意的'对不起'，我也会舒服许多，但是我没等到。"

主任想说什么，女老板摇摇手。

"我知道也许是你们在保护他，然而作为医生，他还要走很长的路，可能还会碰到很多情况，如果他想成长，就必须直面问题，而不是逃避。"

我深深点着头，她的每句话都像重锤，砸在我心上。

"我最不满意的地方是，上次我从你们科的走廊经过，他看到我，居然连招呼都没和我打。因为他治疗失误，你们也不来吃饭了，我整个人都觉得不好了。我受了委屈，你们却都回避我，把我当成一个负担，而不是真的想为我治疗。我知道，也许是我敏感，然而这就是我此刻的真实感受，我觉得被你们抛弃了！"

女老板说到此处，有点儿动情，停顿了片刻。

"我坦白告诉你们，我律师都请好了，本来已经准备起诉。但你们的老院长那次正好来吃饭，是他和我说的一席话才让我打消了这个念头。"

"他对我说：'你如果想毁掉一个年轻医生，可以起诉。但如果你觉得这孩子还算不错，那你或许可以再考虑一下。我一直把他当自己小孩，这孩子上进、有责任心，他回避你，可能只是科室的决定，或是因为他没有勇气。如果可以，给他个机会，也算给我这老人家一个面子。和他聊聊，再做决定，你说呢？'我不知是不是老院长说了什么，你们今天才来吃饭。郭医生，其实你让我有点儿失望，我觉得一个年轻人，不管做了什么,有心还是无意,都应该承担起自己的责任,否则很难有多大的成就。"

接下来,我不记得主任又说了什么,他一定为我做了不少解释、说了很多好话,我只记得自己"腾"地站了起来,羞惭万分,不知所措。

那一晚,是我真正喝醉的一晚,第二天正好轮休,我一觉睡到了中午。至于酒桌之上,自己道歉的时候到底说了什么,又喝了多少杯酒,完全想不起来了。

五

为患者负责。

我想,那次我才真正知道这句话的含义。

任何治疗,都可能伴随一些副作用。这种风险可大可小,一般的副作用通常可逆,然而有些意外却很难挽回。我们医生能做的,也应该做的,是让患者尽量避免不必要的损伤和意外。

然而,不可避免的是,医生都要经历意外。那么在意外发生时,能否克服恐惧,选择面对,选择真诚,主动承担起自己应该承担的责任,也是对每个医生的考验。

我算非常幸运的。女老板经过后期治疗,最后基本完全恢复——但是很遗憾,哪怕这是个病句,我也不能删除"基本"二字,不管我心中有多么想。

有了这次教训,我屡屡反思自己,也开始有所转变。

我在心中给自己定下了许多原则与戒律，我要克服荣誉和利益的诱惑，让治疗回归本质，真正把患者的目的当作自己的目的，而不能将任何医学手段当作实现私欲的手段。

在技术层面，我也体会到，对于市面上新出现的各种爆火的"产品"或者"仪器"，不能轻易尝试，至少要等上几个月，甚至一两年，看看它们能否经受住患者和同行的考验。对于很多求美者而言，等上一段时间并不会有任何损失，然而盲目尝试新技术，却很可能带来一定的风险。

也许在有些领域，要敢于吃"头啖汤"，因为这第一口汤最新鲜、最美味。然而就医美而言，更应该注意"头啖汤"的另一个特点：烫嘴。永远切记：安全第一！这不仅是对于求美者的劝告，对于医生，更是如此。

那次聚餐一个月后，我又一次在走廊遇见了女老板，她依然戴着口罩，却没戴帽子，我一眼认出了她，因为我知道她那天会来。

"赵妈！"我非常自然地招呼她，那一瞬间竟然有了回到好久以前的感觉。

她扫了我一眼，又背过脸去。

"赵妈，我会和主任一起为您做这次治疗。"

能看出她有些犹豫，可转瞬间，她摘下口罩，对我一笑：

"好！"

有的选择关乎生命

人生总会面临诸多选择,小至晚上吃什么,大到性命攸关,而又有多少人具备落子无悔的勇气?

实习期间轮转于各个科室,看多了生离死别,以为自己已经麻木,然而初别医学院,正式成为医生后,面对生死抉择,我却表现得很不成熟。

在整形科,关乎生命的选择很少,但很遗憾,不是没有。

一

小冉是我高中同学,毕业后我们常有联系,他知道我回厦门行医之后,更是时不时约上我和几个好友吃吃喝喝。每次饭局,他们都喜欢听些医学奇闻,以至于我时常成为聚会焦点。回想起来,还挺喜欢这样的感觉。

后来我们逐渐有了家庭,各自为了事业奔走,逐渐减少聚会次数,甚至几乎不再碰面。人生聚散,总是如此。

一次早上当班,看到呼叫系统赫然显示:左小冉。我心头一惊,该不会是同名同姓吧,赶紧呼叫患者进来。

于是这家伙大腹便便地走了进来，短短数年，他的身材完全走样，我已经很难在他身上看到往日的青春气息。

"惊不惊喜，意不意外？"左小冉一屁股坐下。

"意外是挺意外，惊喜是一点儿没有，你要干啥？"我笑问，完全猜不透这家伙挂我的号是要做什么。

"郭医生的号是真难挂，难怪传闻有黄牛倒卖你的号，我今天算是信了。"

"可拉倒吧你，"我笑，见他没有开口，便问，"你挂个号就为了叙叙旧？"

"哪敢耽误郭医生的宝贵时间呐！"他顿了一下，眉头拧在一起，"确实有事问你。"

"以后可以打电话，不用费劲巴力地挂号。"

"今天正好陪媳妇来医院，就想来看看你，又不想耽误你时间，这才挂了个号。"

他沉默了一会儿，然后低头，在他的随身肩包里找什么东西。

"这个彩超你看一下。"

接过彩超报告——双侧全腭裂伴唇裂。

我抬头，看着他："这是……"

"我媳妇的彩超报告。"

他似乎在特意强调"我媳妇"，而不是说"我小孩"，让人

第一章　行医是一场修行

心头一紧。

六个月，此时孩子已经基本成形。

他问："这个严重吗？"

"呃……"我略一迟疑，感觉还是必须如实相告，"双侧全腭裂伴唇裂，算是比较严重的。"我看他眉头拧得更紧了，赶忙加一句："但是可以手术。"

"我也问过其他医生，你说这种情况，手术之后可以完全正常吗？"

"可能基本正常，但也可能说话时发音异常。最早也要等到孩子一岁时才能做第一次腭裂修复术，而且孩子也许要经历不止一次手术。"

他低头沉默，又抬头看着我。那是我从未在他脸上见过的严肃表情，以至于我现在闭眼都可以马上回忆起他那时的样子。

"你建议打掉吗？"

他压低了声音问，低着头，然后再度抬头看我。

我下意识回避了他的目光。

这是一个我无法回答的问题。即便如我那时，少不经事，也知道一个医生不能替患者回答这个问题。然而，他毕竟是我的好友之一……

我犹豫了。

记忆中，我又从专业角度做了解释："唇裂只是影响美观，后期手术如果成功，外观基本可以与常人无异。但双侧全腭裂比较麻烦，尤其在孩子一岁之前。照顾这样的孩子需要多付出很多精力，他们不能像正常孩子一样吸食乳汁，要吃奶粉。更不要说外观异常给家长带来的压力了……"

他呆呆地看着我，目光游离，好像陷入了自己的世界。

终于，他打断了我的述说，抬起头，目光直视着我，再次问："你建议我们打掉吗？"

一个成熟的医生，会直接告诉患者家属，他无法替别人做决定，只能帮助他们权衡利弊，最终决定权在他们自己手上。

一个成熟的医生，不可能拿职业生涯冒险。不管是替患者或者家属做什么决定，所有责任最终都可能转嫁到医生身上，任何医生都无法承受这样的重担，甚至一次也不行。

一个成熟的医生……

也是有感情的。

"这个孩子是可以治疗的。"

记忆中，我说了这么一句。

孩子是可以治疗的，我说的只是一个事实，然而那样坚定的语气，所代表的含义不言自明。

不要打掉——他在内心深处一定会认为这是我的建议，而我，又有什么资格给出这样的建议？

他点头，开门，消失在一群等待门诊的患者身后。

二

这不是我第一次面对亲朋好友的咨询。

自从成为一名正儿八经的医生后,就总是被各路亲朋好友抓来咨询各种问题,偏偏初生牛犊不怕虎,我又什么问题都敢接。父亲是老医生,经常在旁边看着我给出那些不乏稚气的回答,却不加阻拦,也许那时候他就知道,我需要碰几次壁才能成熟起来。真正的经验是一段段刻骨铭心的记忆凝成的。

然而,小冉的问题让我第一次面对生死抉择。

那天工作结束,我草草收拾诊室,心却一直被他的问题缠绕。如果这件事发生在我自己身上,或者自家亲戚身上,我会做何决定?

我会……

我会努力让这个孩子降生,让他接受最好的治疗。无疑,这就是我心中的答案——竟然如此确信,我自己都有点儿吃惊。

这不是因为情感或者道德,也不是因为专业,这仅仅是不假思索就已在内心闪现的第一个答案。如果是我自家的事,我不会放弃。

可是,这与小冉有何关系?我可以为他和他孩子的人生负责吗?

作为医生，我几乎无暇在班内时间回复任何信息。

但那天扫了一眼手机——是小冉。

我赶紧打开。

"谢谢，我们决定保住孩子。"

我发了一个拥抱的表情。那一刻，我不知该说什么。

"你别多想……我媳妇是基督教徒，我听她的。按她的说法，也是主让我们找到你的。"这条信息，他发的是语音。

"谢谢。"他又发了条文字信息。

我也终于知道该说什么了："有任何需要帮忙的，第一时间找我，我可以给你推荐最好的医生。"

唇腭裂手术并非我所擅长，但我父亲在这方面颇具权威，即使他不做，也有最好的医生朋友可以帮忙。加之我自认为熟识其中的佼佼者，手术，我想不成问题。

我在脑海中已经想象出手术的画面。

双侧完全性腭裂，可以理解成口腔上部——就是我们用舌头往上腭骨顶的那个位置——没有关好，这种关闭不全会导致口腔直接跟气道相通，所以任何从口腔进入的食物都可能误入气道，发音也很不正常，会有非常强烈且无法避免的鼻音。

手术时，要先松解牙床边上的翼钩，让硬腭（位于口腔顶部的骨性结构）充分剥离，使其具有足够的延展性，然后一点点缝补缺口，有时还要用到一种特别的皮瓣转移法——Z成形术……听起来就复杂，做起来更不容易，何况患者经常是两岁不到的孩子，手术视野非常非常局限。

国内能很好完成这种手术的整形医生屈指可数，不仅因为这种手术难度大，更因为产前检查的普及使类似的病例越来越少，故而年轻医生接触的机会少之又少。

我父亲是其中之一。可是，真的该请他介入吗？

没想到从那之后，我久久没有听到小冉的消息。我发过几次信息，他仅是客套地回复。

我内心有些忧虑，又不好多问什么。

有好几次想去看看孩子，然而因为种种原因，我并没有去。而这种种原因中，最主要的，可能是我无法面对他的目光。

大概过了 年，高中同学聚会，小冉没有出现。我问了几个平时和他玩得好的同学，他们都不大清楚他的情况。

那天晚上，我拨通了小冉的电话，却不承想，对方直接挂断了。

我瞪着手机愣了半天……

的确，要照顾双侧完全性腭裂的婴儿，其中的艰辛难以细数。反复的呛咳、羸弱的身躯，一次次不分昼夜的特殊喂食，加上亲朋的异样眼光，如果还有什么能压垮骆驼，那最后一根稻草可能就是无休无止的深夜啼哭。而那样的哭声，又比一般婴儿的哭声刺耳尖锐许多。

我不知小冉是太忙太累顾不上接我的电话，还是……在心里怪罪我。

小冉没找我推荐医生。我听一个朋友说，他带孩子去上海做了手术。我再次在脑海中想象着手术场景：在婴儿小小的口腔里，要伸入器械，扩开腭弓，然后一点点地电凝和剥离，缝合之后还要用纱布填塞。我甚至能感受到电凝激发出来的烟雾和气味。我跟过许多台这样的手术，然而对小冉，却没法儿提供任何帮助。

我希望自己在场，希望自己能帮上什么忙，可什么都没有。

这个朋友，就此失联。

三

我如往日一般看诊，面对焦虑的患者，以及同样焦虑的家属。

直到那天，一个二十多岁的母亲抱着一个两岁左右的孩子来找我，我看到孩子的第一眼就知道，先天性唇腭裂。

我多希望这就是小冉的孩子，甚至带着赎罪的心为他们迅速办理了住院手续，然后安排手术，非常自信地承诺手术可以修复。

主任看我这么上心，以为是我的好友或亲戚。

我说不是，想解释，却不知从何说起。

第一章　行医是一场修行

第二天，我们给这个孩子做了唇腭裂修复术。三人团队外加护士，默默做了接近三个小时。

往常手术过程中，为缓解压力，有时候医护会时不时聊上几句，就像闷头开车容易疲劳，但与人适当对话可以保持清醒和理性一样。麻醉机"嘀嗒"的声音，凝血或电切的烟雾，吸引器持续的低鸣，以及头上投下的无影灯光芒，很容易让人陷入催眠一般的状态，只有时不时地聊几句天，才能时刻保持精神。然而那天我十分投入，全程一句话也没说，如同一台不知疲倦的机器一般，精确地完成着每一个步骤。

术后，一切顺利，主任脱掉手套，轻轻拍了拍我的肩膀。

"辛苦了，郭医生，"他看我一眼，"好好放松一下吧。"不知他是否猜到了什么。

我忽然长舒一口气，长久埋藏在心中的压力，好像随着这一次深长的呼吸，也缓缓消解。

术后七天，我为孩子拆掉伤口处的凡士林纱条。虽然唇部还有手术留下的切口痕迹，但是探查口内恢复情况，可见腭裂已经完全闭合。这孩子起初看到我时还会忍不住哭闹，到了出院时，几乎已经把我当作朋友了。

我享受着成就感，以及一种莫名其妙的赎罪感，心中慢慢释然。或者说是把那些忧虑压到了内心深处，不再提及，不再触碰。

随着医疗技术的发展，唇腭裂已经成为跨学科的病种，治疗手段环环相扣，涉及大众熟悉的口腔正畸、颌面部修复，更涉及之后的语音训练、心理辅导等一系列治疗，于是这种治疗模式也被称为"序列治疗"。如果在早期顺利接受系统治疗，那么唇腭裂患者最终可与常人无异，可正常进入社会，正常结婚生子。

然而，这一系列治疗需要付出极大的精力和资金，对一般家庭来说无疑是个巨大的负担。所以，谁能给出一个绝对正确的建议呢？

这个问题，时至今日，我也无法得出答案。对于每一个家庭、每一个家长，答案也许都不同。单纯唇腭裂，或者不规则唇腭裂，抑或伴有其他畸形或遗传缺陷，对于不同情况，选择又会大有不同。

好在，早期的产前彩超可以尽早发现胎儿唇腭裂，减轻大人抉择时的压力。

据产前检查普及之后的不完全统计，我国每六百到一千个新生儿中，就有一个患有唇腭裂。患儿有很大一部分来自偏远地区。谁又能为这些家庭提供应有的帮助和建议？

及早的产前检查可以诊断该疾病，而一经发现，是否及时终止妊娠，这不仅牵扯到医学判断，更关乎信仰，关乎伦理，关乎现实与经济。最重要的是，关乎生命。天平的两端孰轻孰重，到底应该如何抉择，也许最终只能问那些当局者。社会能做的,就是提供最好的医疗技术和经济保障。近年来,唇腭裂治疗的部分费用已经可以由医保报销,而且相关基金会也在陆续建立,在这种前提下,患儿父母的选择也许会更有底气。

截至目前,我们科室共做了五十二例唇腭裂手术。这个数字看着不多,是因为产前检查已经普及,在这种情况下,这个数字实际并不算少。

如今,我国在外科治疗技术上处于世界领先地位,然而对唇腭裂序列治疗的落实并不尽如人意。所以,对于筛查唇腭裂,早期进行产前彩超当然重要,但对大人的基因筛查也很重要。若家庭中已有一个唇腭裂患儿,或双亲有任何一方甚至两方为唇腭裂患者,那么新生宝宝患有唇腭裂的概率是5%~25%,故而这些父母做基因筛查的意义重大。

我在这里只能给出医疗建议。在我们整形医生看来,如果唇腭裂不伴有其他遗传缺陷,不是正中唇腭裂或不规则唇腭裂等类型,那患儿预后往往较好。假设经济条件允许,那么患儿日后正常生活基本不会有太大问题。然而,这也意味着父母要早早做好准备,尽量给孩子安排较好的序列治疗。

四

我平日里爱玩滑板,尤其是电动的。

那个下午,我踩在滑板上飞驰,路边沙滩上一个男子戴着黑色鸭舌帽站在滑梯旁。一瞥之间,我确认那就是小冉。

他的身边是一个男孩，男孩一遍一遍地爬上滑梯再滑下，我听到了那孩子欢快的笑声。而小冉就站在那里，笑盈盈地看着。

大人和小孩都沉浸在厦门的暮色中。

我戴着全盔，小冉肯定认不出来，他唯一能感受到的就是一个踩着滑板、戴着全盔的人在转头看他们，然后在男孩的笑声里，飞驰而去。

那天，我照例做了玩滑板的视频，并将视频发布到微信朋友圈。借助无人机、运动相机等设备，我学会了如何做出精良的短片，短片质量有时甚至可以与专业视频比肩。

深夜，我看到朋友圈点赞的头像里面竟然出现了小冉。

难道他认出我了？又或是……

"你还好吗？"我在输入框打下问候，迟疑许久，没有发送，最后默默删除。

我告诉自己，明天还有一台唇腭裂手术，早点儿休息吧。

附录:唇腭裂序列治疗年龄节点

治疗年龄	治疗内容
2周	针对严重唇裂、裂口很宽的患儿,进行鼻牙槽骨塑形治疗
3个月	牙龈骨膜成形术、唇粘连术;单侧唇裂修复术
6个月	双侧唇裂修复术
12~18个月	腭裂修复术、中耳功能检查与治疗
3~4岁	腭裂语音治疗
4~5岁	硬腭修补术(视病情而定)
5~7岁	微小唇裂术后继发畸形的整复,进一步优化外形;腭裂、腭咽闭合不全的矫治
9~11岁	牙槽突裂的修复
11~12岁	牙列不齐、错颌畸形的正畸治疗,唇裂鼻畸形的Ⅱ期整复
16~18岁	牙颌面骨性继发畸形的整复
17~19岁	唇裂鼻畸形的再修复

以上为业内公认的序列治疗时间建议,仅供参考。

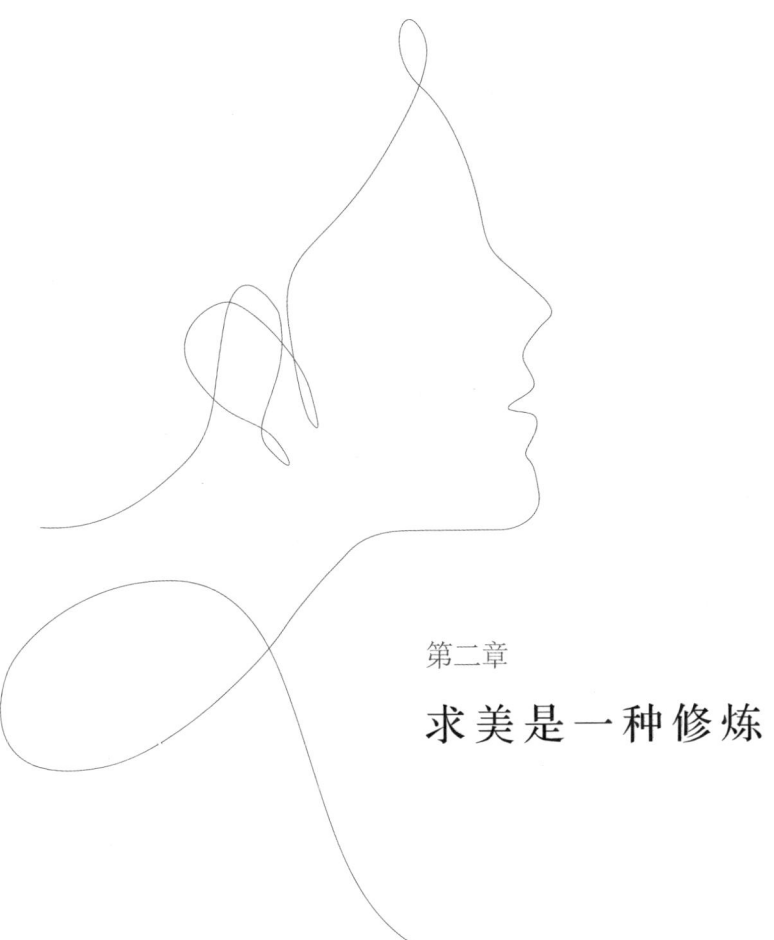

第二章

求美是一种修炼

医美，首先是一种医疗行为

如果有一种疗法，几乎每一个医美爱好者，包括你身边熟悉的朋友都做过，医生也给你列举了许多案例，你会不会觉得那肯定足够安全？

如果有一种疗法，几乎每一家机构都在大力推荐，说它虽然效果因人而异，但创伤很小、风险极低，唯一的门槛是价格，你会不会动心？

一

郑听现在是我非常熟悉的朋友，而我最早和她相识，是因为她找我做眼袋手术。

有件事也许超出你们想象：整形外科手术全过程中，患者通常是完全清醒的，因为大多数手术都在局部麻醉状态下进行。利多卡因作为局部麻醉的常用麻醉药，可以消除痛感。然而，患者的紧张情绪在所难免。所以很多整形医生慢慢修炼成了"段子手"，在术中和患者谈天说地。我父亲甚至会在手术顺利之时高歌一曲，每每让患者大为惊讶。而我和郑听成为朋友，也是因为术中谈得投机。

眼袋手术挺成功。她每天凝视镜中的自己，感觉年轻了不少。就此，她有点儿迷上了医美，隔三岔五便转发一些视频给我，问我她是否适合做某个项目，我屡屡劝退，她却依旧沉迷。

而最让我感觉不可思议的是，她其实是一名警察。

一次她发微信消息问我："你觉得打一打水光针怎么样？"看到她顶着个警花头像问这样的问题，我实在觉得有点儿违和。

水光针是一种用针头在中胚层（皮肤真皮层）注射特定物质的医美技术，注射物的成分因产品不同而略有差异，但一般主要为玻尿酸以及某些功能性药物。其作用为补水、提亮肤色、收缩毛孔。

"你没什么皮肤问题，不需要打，正常护肤就好。"

"我毛孔太大了，而且脸油，你觉得我打PRP[①]水光针如何？"

"PRP的确可以改善肌肤敏感，但是你需要吗？我觉得你皮肤挺好呀。下次过来看看，真要打也不是不行，但是得一天之内不洗脸、不化妆，还要注意防晒。"

"保证保证。"

"唉，拿你没办法。"

"你说我什么时候去？明天下午我调休，可以吗？"

---

①富血小板血浆的英文缩写。

"好,下午三点左右吧。"

"不见不散。"

出现在我面前的郑听身着白衬衫、女士西装裤,身姿飒爽挺拔,看起来仿佛刚下班的白领。

她有些许皱纹,略有一点儿脂溢性皮炎外貌。总体评估下来,我建议她打肉毒毒素改善皱纹就好,不需要打水光针。于是我给她准备了一些肉毒毒素,将其稀释后注射于面颊。肉毒毒素就是肉毒杆菌毒素的简称,其主要作用是放松肌肉,在面部注射时可以除皱。

她有点儿怕针,注射时免不了紧张,可刚注射完,她就眉飞色舞的了。我交代了注意事项,她千恩万谢地回去了。

几天后,手机上收到一条信息。

"在吗?"

通常来说,肉毒毒素注射一周到十天后,患者会发来信息,反馈治疗效果,不少患者不吝赞美,所以我看到她信息时的第一反应是:估计这位警花又要来夸我了。

"郭医生!"

我刚点开,一串叹号映入眼帘,紧接着又是好几条信息。

"我有很急的事情想问你!"

我以为是肉毒毒素导致了什么不良反应,快速翻看了一下电子病历。注射点位应该没问题,那能是什么情况?我赶紧问她:"怎么了?"

"我溶解酶过敏了!"

"什么情况?说清楚。"

"我去一个诊所打了水光针,和一个闺密一起去的,打完三天后,密集的小疙瘩一直没消,我以为是正常情况,结果十几天了还没消,我就去诊所,他们让我打溶解酶。"

"然后呢?"

接着我看到一张照片:半边脸颊整个红肿起来,上面是密集的小疙瘩,第一眼看上去非常糟糕。

"结果他们也担心了,让我去你们医院皮肤科看,你们医院给我开了氯雷他定、醋酸地塞米松。吃了,没用;还涂了丙酸氟替卡松乳膏,都没用。我现在发热了,38.4 ℃!而且眼睛肿得睁不开。"

"你现在在哪里?"

"我就在皮肤科,他们觉得是溶解酶过敏。"

"他们是谁?"

"诊所的医生。"

然后又是一张照片:一袋子药,头孢地尼、依巴斯汀、丙酸氟替卡松乳膏。

"这就是我用的药,怎么办?我现在怎么办?会不会毁容了?"

"你别着急,不至于。"

其实我心里有点儿不高兴，我明明已经再三和她说不需要打水光针，结果她偷偷跑去打，出了问题又想起我。可我完全不知道她具体打的药品是什么，更遑论那是不是正规药品。

"我可不可以去你那里治疗？"

"你先在皮肤科看完，一会儿告诉我他们的诊断结果。"

"好。"

我坐下来思考：局部肿胀、发热，这是非常典型的皮肤感染症状，可为什么会感染？密集的小疙瘩又像是过敏反应，每个注射点位都有这种类似炎症性肉芽肿的情况。可过敏一般出现在第二次治疗的情况下，第一次使用溶解酶就出现过敏反应的情况倒是罕见。

"你是第一次打水光针？"

"第二次……第一次没问题。我闺密也这样，但是她比我症状轻，她没打溶解酶，只是有疙瘩，没有肿。"

"知道了。"

一会儿，她又发来一张照片，照片上：

> 初步诊断：1. 皮肤感染。2. 过敏性皮炎。
>
> 处置：检验血常规（五分类）
>
> 处方：莫匹罗星软膏 0.5 g　2 次/日　总量：1 支
>
> 青霉素 480 万单位　静滴 2 次/日　共 3 天

和我的猜想基本相同，然而有一点我想我们皮肤科的医生也许忽略了，或者是觉得并非当务之急，那就是对炎症性肉芽肿的治疗。以我们的经验，这种肉芽肿如果治疗不当，可能会持续几个月甚至半年之久，这对一个本就有容貌焦虑的人来说，假若真的发生，可谓打击巨大。

当然，这的确不是现在的主要治疗目标。

我也同意这样的治疗方案，只是第一次治疗就口服较大剂量的醋酸地塞米松（糖皮质激素），不仅对治疗没有帮助，甚至还有一定风险。这种药物用于治疗过敏反应，会干扰自身免疫，可能导致感染加重。这或许也是郑听用了药，肿胀反而加剧的原因之一。好在她发给我的处方照片中显示已经停用该药了。

郑听的焦虑简直溢出屏幕，更何况闺密是经她推荐才做了这些治疗，结果出现这种情况，这让她感到愧疚。

还好，据她说闺密并无见怪，情绪还算稳定。

二

我其实一直不喜欢水光针这样的皮肤注射治疗，现在很多人管这种治疗方式叫"中胚层疗法"。各种宣传说它突破了皮肤屏障，作用在真皮层，可以解决护肤品不易透过表皮被吸收的问题。然而，其中的风险鲜有人知。

皮肤为何会成为屏障？很大一部分原因是要防止外来物质

侵袭。突破屏障，同时意味着让皮肤处于受损状态，这种状态下，不仅"精华"可以顺利进入皮下，各种杂质、细菌及病毒同样可以乘虚而入。所有宣传都淡化了这一点，导致很多人误以为中胚层注射意味着无创，意味着零风险，这实在是医美领域的一大认识误区。

为何我不喜欢做这种治疗？一是因为觉得这种治疗仅仅是机械操作，没有多少技术性可言，几乎没有提升空间——很多机构为节约主刀医生的时间，把这种治疗交给护士做，大概就是这个原因；二是因为这种治疗有一定的破坏性，我对它的疗效有些疑虑。

皮肤注射治疗主要可以改善皮肤皮脂腺分泌和出油问题，也可以相应缩小毛孔、降低皮肤敏感性。甚至在加入一些特定成分的制剂后，可以起到减少皮肤色沉、淡化黄褐斑的作用。

然而，有的人经过一次治疗，肤质就可以明显改善，有的人却收效一般。深入思考这个问题后，我觉得也许诊断比治疗更重要。那些求美者之所以皮肤改善情况欠佳，主要还是因为做了不适合自己的治疗。

这种治疗创伤确实较小，也确实没有什么大的风险，而且价格浮动空间巨大，故而深得各家机构青睐，以至于如今几乎没有什么医美爱好者没做过类似治疗。

可是，这真的代表此类治疗适合所有人，并且没有任何副作用吗？

皮肤注射治疗最大的问题，可能就是易导致过敏反应和感染，好在注射于中胚层的话，即使导致过敏反应，通常也不至于危及生命，可以慢慢处理。然而感染，却可能导致严重后果。不知为何，这种严重的感染反应虽也有一些发生在医院，但大多出现在机构中，也许很大原因是消毒不彻底或者操作太掉以轻心。

皮肤注射治疗经常由护士完成，有时护士一天的工作量比较繁重，如果其没有无菌观念或未经严格的无菌操作培训，又因为皮肤注射治疗十分简单而产生轻视心理，消毒可能就不够严格。这中间的隐患并未引起足够重视，相应报道也不够吸引眼球，很多同行对此都有点儿漫不经心。

郑听的情况在我所知的案例中算比较严重的，幸好肿胀仅限于面颊部，如果再往下，出现在颈部，就有可能因为抑制呼吸而导致严重的不良反应，乃至危及生命。

经过五天的输液治疗，郑听肿胀的面部逐渐恢复，另一个问题浮现出来——如何处理极其影响容貌的炎症性肉芽肿呢？

因为皮肤科离我科室很近，我又和那些医生熟识，所以我去打听了好几次郑听的情况。看到我这么重视，起初他们都以为是我造成的问题，结果郑听比我还着急，极力为我辩驳。每次皮肤科主任查房，她都要强调不是我导致的，搞得医生一个个面面相觑。

一次我去看她，一个年轻医生调侃道："你可得把她治好了，小姑娘为了证明你的清白，都要急出黄褐斑了。"

"可够了你们，闭嘴吧。"

那时我已开始思考这种炎症性肉芽肿的治疗方案，于是问他："你们碰到的这种情况多吗？"

"不多，关键是一般也不会往我们这里送吧？"那个年轻医生答道。

也是，出了这种问题，医院通常都希望自行处理，避免惊动其他医院。

"你们有没有什么想法，关于这些肉芽肿？"

"你确定是炎症性肉芽肿？"

"我猜是这样，等她消肿了，我想取一个标本做病理检查。"

"可以，但你不觉得这些疙瘩也可能是过敏反应吗？毕竟第二次才出现，符合过敏反应的症状。"

"说实话，我觉得有点儿像免疫排斥反应，感觉产品有问题。"

"产品有问题？"皮肤医生有些吃惊，"产品有问题的话，这种情况不应该频发吗？为什么只有她们遇上了？"

"她们是同一时间去打的……会不会是这个批次的产品有问题？"

"唉，谁知道呢……"

我沉思起来。

征得郑听同意之后,我把她的情况发到了一个医学讨论群,想看看其他医生是否碰到过这种情况。大家的结论一致——有类似情况,但没有见过这么严重的反应。

一周的时间过去,郑听出院了。两天后,她和闺密一起出现在我诊室。

看着她们脸上一排排密集的小红疙瘩,我心中大概有了一些治疗方案。

虽然产生的机理不同,但是症状却非常相似,何不把这种疙瘩当作痤疮或痤疮瘢痕来治疗?

然而,这种疗法之前并没有什么文献报道,也没有多少经验可以参考。如果真的进行,我必须自己承担相应的风险。

最终让我下定决心的,是郑听的话:

"郭医生,救命吧。我把年假和公休假一起请了……我不敢去上班,实在没法儿出门。"

三

在注射事故发生后的第二十多天,我们开始治疗肉芽肿。

我的方案源自治疗痤疮瘢痕的经验,具体而言就是:光电治疗配合涂药。

我先用M22仪器治疗红肿。红,意味着毛细血管增生密集。M22是一种光子嫩肤仪器,而光子嫩肤去红血丝的治疗模式,正可以针对这种症状。

涂凝胶,调参数,闪光。每个区域都打了一遍之后,我让她们起来,准备换仪器。

还好,我们最不缺的,就是各种仪器。

接下来使用Fotona 4D仪器。

我选用其中的痤疮治疗模式,在每个凸起的疙瘩上打三到四个光斑,持续时间五分钟。

郑听皱着眉,我分不清她是因为紧张,还是因为这段时间持续的情绪低落。

最后,再打一遍最低能量的点阵激光。这是为了打断其中连续的纤维增生,防止形成瘢痕。

这些治疗无疑是大胆的,我甚至一度担心炎症反应会加重,那可能导致肉芽肿进一步加重,但整体来说,对于这次治疗,我还是有信心的。

两人刚打完这几遍激光后面色通红,但紧急冰敷后红肿慢慢消退了。

希望一切都好。

我在临床工作中的确发现,有一些患者在注射水光针或"娃娃针"之后,面部即刻便有小疙瘩出现,形如鸡皮疙瘩,但比鸡皮疙瘩稍大一些。而这种小疙瘩的消退却并不如预期那样迅速，有些甚至需要几个月时间。我与几个同行讨论过这种情况，发现这居然不是个例。因为这种小疙瘩是注射后当即出现的，所以基本可以排除炎症性肉芽肿的可能，我判定是药物注射直接导致的。其成因我并不是非常确定，有几种可能：一是注射层次稍深，药物无法被很好吸收；二是可能因为药物浓度过高，导致团块无法迅速消融，于是淤积在皮肤真皮层。

我们尝试过一些治疗手段，通常见效比较慢，最快见效的居然是直接注射溶解酶（前提是确保患者不对溶解酶过敏）。而我给郑听她们使用的疗法是有效果但比较缓慢的。

如何避免这种不美观的皮肤疙瘩？

我们观察过很多案例，有一点让人意外，通常的认知是，如果注射深一些就不会有皮肤表层疙瘩出现，然而事实正好相反，较深层（真皮层）的注射往往会诱发这种皮肤疙瘩，而表皮浅层的注射却不容易有疙瘩形成，也许仅仅是因为表皮浅层更容易吸收玻尿酸等成分。

还有一点，只要注射物的浓度别太高，这种情况就可以大大规避。

首次治疗的两周后，我再次按照之前的方案给郑听她们做了一遍治疗。

整个过程中，我不断问自己：这种情况是个例，还是产品问题？是因为消毒不彻底，还是单纯的过敏反应？我有一些猜测,然而出于各种考虑,我不能在这里给出答案,也无法明确列出她们之前注射的产品。

唯一的好消息是,治疗效果不错,虽然两人的炎症性肉芽肿并没有完全消退,只是变得一眼难以觉察,但化妆后,倒是不容易看出。

从此,郑听再也不敢随意进行任何医美治疗,所谓"一朝被蛇咬,十年怕井绳",大抵如此。

然而时至今日,仍然有许多求美者,在各种宣传的蛊惑之下,前赴后继地进行水光针一类的皮肤治疗。也许他们中的大多数,都收到不错的效果。况且这些治疗最常见的副作用是皮肤感染和过敏,严重感染和过敏的报道极少看到。

问题在于,即使只是轻微的感染及过敏,也至少会持续一周以上。而严重的,不仅可能导致面部不可逆的损伤,甚至可能如前所述,危及生命。

郑听和她闺密也许再需要两三次治疗就能渐渐恢复,但是,那些恢复不了的怎么办?

还有那些尚不知其中风险,轻率选择治疗的人呢?

四

我承认,如今中胚层疗法方兴未艾,但我不能不提醒大家其中的风险。

每一个有心求美的人都应该记住:医美,首先是一种医疗行为。有了安全作为前提，才有可能谈疗效；没有安全作为前提，医美就是草菅人命。

而如果有人以为中胚层疗法这样的皮肤治疗毫无风险，并且适合所有人，那真是荒诞至极。

所有准备躺上医美手术床的人都必须了解：任何侵入治疗都有风险。

还有一点，好的诊断与治疗，或许可以给你带来帮助——减少皮肤油脂分泌、紧致提拉肌肤、收缩毛孔、让肌肤保持光泽白皙等，然而，所有的治疗都要先保证安全，如果治疗不当，那么中胚层治疗造成的创伤远大于收益。

要做皮肤注射治疗，规避风险的最简单方法，就是尽量找正规的大型机构，这是最最起码的安全保障。

安全起见，任何名字不以"诊所""门诊部""医院"结尾的机构应该一律予以排除，如果有医生说可以带你去一些机构甚至酒店客房里注射，那更是不能考虑。在正规的治疗中，环境安全也十分重要，我相信，一个医生倘若真的想要带患者去这样的地方治疗，那他一定不会进行彻底的术前消毒。

在这个行业待久了，看到的一些案例实在触目惊心，我们也为一些所谓同行的胆量汗颜。无知者无畏，说的是那些对专业知识知之甚少的求美者；而一个治疗者如果同样"无畏"，那么不论他是否"有知"，都对不起"医生"这两个字。

整形医生希望帮助每个被伤害的患者恢复健康与美丽，然而我们更想做的不是事后的挽救,而是阻止有人因为无知和轻信以身犯险。

再次强调,所有的治疗都与风险相伴。如果有人告诉你某种治疗没有任何风险,那转身离开于你而言可能是最明智的选择。

面对美丽的诱惑,请一定十分谨慎,请一定万分谨慎!

你真的了解肉毒毒素吗

许多人对于微整形的最初印象,可能来自充斥网络的各种明星花边新闻,比如"某某打了'除皱针',表情僵硬,演技拉胯,拖累了整部作品"什么的。

除皱针,其实就是肉毒毒素注射。

而肉毒毒素最大的副作用——其实也正是它的作用,简而言之,就是让肌肉失去机能。注射肉毒毒素后,神经末梢无法释放乙酰胆碱,神经肌肉连接从而被抑制,导致肌肉放松。这种放松体现在不同组织之上,就有不同的作用。比如注射在咬肌部位,就可以放松咬肌并使其稍稍萎缩,咬肌萎缩后体积减小,就有了瘦脸的效果。

在特定剂量之下,肉毒毒素注射几乎不会引起永久性损伤,风险不大。所以对很多整形医生来说,这是入行的最初修炼,也是独立生涯的起点。

我也不例外。在韩国求学期间,我曾经观摩了无数次肉毒毒素注射,可等到归国完成规范化培训,第一次独立注射时,还是不免紧张。

第二章 求美是一种修炼

一

那是在我做住院医师的第一个月，可以说，真正的医师之旅才刚刚开头。当时，我做得最多的，就是作为第一助手跟着主任做手术、记录病历、查房，以及急诊值班。辛苦、忙碌却也充实。我是那种遇到喜欢的事就精力无限的人，主任看起来倒是对我这样的劲头挺满意。

我不知是自己在什么样的场合有什么样的表现，让主任得知其实我很想有些亲自操作的机会，还是说他这样的资深医生都是从初级干起，对年轻人的心思了如指掌，反正有那么一次，主任似乎是随口一句，就给了我一个独立打肉毒毒素的机会。

那天主任匆忙扒拉着午饭，一位患者来做面部除皱，也就是肉毒毒素注射。我在办公室写病历，忽然听到主任隔空喊话："小郭有空吗？你去给她打一下。"

我吃了一惊，忙转头望向门外，一位五十多岁的女子，穿着有点儿俗气，浓妆艳抹，两道画出来的眉毛细细地直入发际。她抬头看着我，一副不信任的样子。

"郭医生打针非常好，手比我稳。"主任显然早就料到了她的心思。

女子还是满脸狐疑。

我保存了一下病历，赶忙去配药。

肉毒毒素注射看似简单，其实也并非全无难度。拿常见的国产品牌兰州衡力来说，一支 100 U 的药（U 是英文"unit"的缩写，意为"单位"。对患者来说，可以简单理解为肉毒毒素专用的计费单位），如何稀释成所需浓度，如何选择注射点位，如何避开危险区域，以及每个点位需要多少注射剂量，都有学问。局部打多了容易表情僵硬，打少了患者会觉得没啥效果、白花钱，而医生的所有认知又都需要和实践经验结合，否则就只是纸上谈兵。

询问患者想要的效果之后，我开始配药，最终取了 66 U，再配成 3 毫升，装在 3 支 1 毫升针管里。

一切准备就绪，我让她躺好，患者居然很顺从地躺在了注射室的床上。我开始标注点位。这种注射，老练的医生通常不需要特意标注点位，而我毕竟初学乍练，必须拿出十分的谨慎和认真来。

女子忽然说："主任给我打时从来不标记的。"我刚想解释一下，她下一句又来了："郭医生很认真。"我一惊，抬头看了她一眼，她点头一笑。

内心一阵温暖，我暗暗告诉自己，今天一定要做到完美。

原本以为主任起码会进来看一看、指导一下，可等我换好针头，他还是没有过来，看来是不打算过来了。我感激他的信任，同时也有不小的压力。

第二章　求美是一种修炼

我深吸一口气,尽量表现得专业老成:"要开始了。"

"没事,我打过很多次,知道的。"

于是我沿着一个个标记的点位下针、推药。因为是第一次,每一步都做得十分标准。额头十六个点位,要避开眉上一指宽度,不然会压眉……我在心里默念着,如同那是什么咒语。

眼周六个点位,沿着皱纹方向,很好。

眉头川字纹,打在降眉肌的中间部分。我让患者皱眉,她一有动作,我就迅速沿着纹理下针。

完成得很棒,我告诉自己。

挺兴奋的,就好像在打一场篮球赛,只不过没有观众,甚至没有比分,而对手就是那些如沟壑般纵横的皱纹。我甚至幻想着旁边的护士一边看着我操作,一边拍手叫好。我不免沾沾自喜起来。

好的,继续。额纹、川字纹、眼周纹、鼻背纹,就这么一个地方接一个地方地下针,好像也很简单嘛。

"法令纹要稍微改善一点儿吗?"

"好的,给我打吧。"

于是我在法令纹处下针,让皮肤看起来更光滑、更平整。

接着,按照最新的研究成果,我又为她进行了肉毒毒素微滴注射,这是为了放松颈阔肌。颈阔肌主要负责张口和下拉面部,适当放松颈阔肌,可以使上提面部的肌肉组织占据主导地位，起到提拉面部及下颌缘的作用。

大概十几分钟，我打完了所有的注射点位。紧张而欢欣，漫长而短暂。

"我给你擦洗一下，你可以慢慢起来了。"

"郭医生，你打得很好，很认真，以前主任没叫我做过表情的。"患者又夸了我，我感觉至少这次是真心的。

"主任可能很了解，所以不需要吧，我对您不熟悉，会谨慎一些。"

"挺好的，下次我还找你呀。"她对我点头道谢，我声色不动，内心却一阵狂喜。

"七天左右才能见效，"我说了些注意事项，"针眼六小时内不能碰水，不能揉搓、按摩。"

女子边起身，边说自己知道的。

"对了，七天之内不能吃消炎药。"这一点很多医生会忽视，部分喹诺酮类抗生素会加强肉毒毒素的作用，有一定风险。

"好的，我在吃维生素，不影响吧？"

"这个不影响。"

女子又对我微笑，我请她留下联系方式，主要是想第一时间了解效果如何，毕竟肉毒毒素要四到七天才能起效。

一周后，她发来消息，再次对我表示感谢，说我技术非常好。

这就是我第一次注射肉毒毒素的经历，自己心中波澜起伏，但在当时的患者和如今的读者看来，应该都很平常吧。之后，我又接连经历了几十次的肉毒毒素注射，也都如此平常，而我的内心已经足够自信，再也没有什么波澜。

直到我的职业生涯泛起波澜。

二

那天下班时，来了一个咨询者。一聊，发现是亲戚推荐过来的，女生，二十八岁。

小姑娘其实长得挺端正，但眉间的川字纹简直如刀劈斧凿，堪比四五十岁的状态。我后来才知道，碰到这种川字纹要特别小心——不是因为治疗技术上有多难，而是医美手段在这种患者身上通常效果欠佳，患者术后满意度较差。川字纹极深的人，往往生活中有较大的压力，于是习惯性地皱眉。治疗有效，但积习难改，整体看来效果就不明显。有段时间我甚至执着地相信，黛玉小姐一定拥有这种特征性的川字纹。

除了川字纹，这位患者的法令纹也很明显，露龈笑同样严重——这种笑容通常意味着患者具有强有力的提上唇肌群，这个肌群主要负责提拉上唇，如果过于紧张，就会牵拉面部皮肤形成法令纹。

患者强烈要求治疗。

这本来只是她第一次前来问诊，但我没有丝毫犹豫，直接让她去开一支肉毒毒素，当即准备操作。

"这个会不会有风险？"

"正规治疗一般不会。极少数人会有过敏反应，但几乎都很轻微。"我信誓旦旦。

当时的我，已经连续注射了接近三十例肉毒毒素，都很顺利，于是信心极度膨胀，有时候甚至觉得自己马上就要成为整形界的新秀，那当然要一展锋芒。

现在想来，真是不知天高地厚，幼稚得可笑。

女子穿着十分休闲，无袖白衬衫，绿色短裙，一双白色低帮运动鞋。我那时还是粗心，完全没意识到她焦虑到时时刻刻愁眉不展。

配好药，我给她消毒。中间她问了几次会不会有问题，我耐心安慰。

"其实你皱纹的情况还好，就是川字纹和法令纹深了一些，还有抬头纹稍重，这些部位我都会帮你打到。"

"我希望自然一些。"

"好。"

治疗过程中，女子看起来敏感而紧张，每次进针时，她似乎都在紧咬牙关。

"你怎么突然想起来要做医美的？"为缓解她的紧张，我随口聊着。

女子沉默了一会儿。

"前几天刚分手……"话一出口,她的眼泪就滚了下来。因为躺着,泪水迅速在碘伏消毒液中画出两道线来,滚落到床单上时已经染成了淡黄色。

"我想改变一下。"

我忽然觉得心疼。一个医生往往无法知道面前的患者经历过什么,心中又有多少创伤。鼓起勇气来到医院整形科的患者,多多少少都有一段悲伤的故事。有时候不禁想,很多咨询者真正该得到治疗的,是破碎的心。

我一一打了各个部位,并且在提上唇肌群的鼻翼分支处稍稍加了一点点剂量。

她虽然紧张,但还是坚持了下来。

给她清洁完毕,我扶她起来,一一交代注意事项。说到抗生素时,她忽然一惊:"我今天刚吃了诺氟沙星胶囊!会不会有影响?"

我心头咯噔一下,诺氟沙星别名氟哌酸,是典型的喹诺酮类抗生素。注射前我没有特别询问这一点,这是我的疏忽,我心中责怪自己。

转念我又安慰自己,抗生素产生的药物增强作用十分微弱,应该没问题。

"不要再吃了就好。"

我又安抚了几句,目送她离去。

三

从那天晚上开始，我收到连环微信消息……

她很担心抗生素的问题，一口气发了几十条，我一一细看，尽量逐条及时回复。

我其实并不太担心。对抗生素影响的研究，文献中已经比较充分：环丙沙星和左氧氟沙星这两种喹诺酮类抗生素在罕见情况下会加剧重症肌无力，导致神经肌肉阻断效应加强，但一般只发生在重症肌无力患者中，在普通人群中鲜有报道。

我只是心头疑惑——她怎么会有这么多疑问？

第二天基本安好，只收到几条消息。

第三天，我下班打开微信，总共几十条未读消息，差不多都是她发的。

我打开。

先是一段视频，是自拍的，她在做微笑的表情，然而确实明显可以看出，鼻翼两侧的肌肉微微颤抖，导致她的口角在微笑时也有一点点痉挛。

后面都是语音消息，几十条，全是在问为什么会这样，这样她如何见人，家里人都说丑死了，然后不断追问该怎么办，以及表达她有多么后悔。

来来回回，我听完了收到的语音消息，而新语音消息还在不断增加。

我一时不知该如何处置,这是我第一次碰到情绪如此激动的患者。

我忙把视频发给主任和几位整形医生,询问他们的意见。

大家看法出奇一致:有时候会有这种情况,不过没关系,大概一两个月就会恢复。也有人说,这就是为什么他们不怎么爱在法令纹处打肉毒毒素。

我心中稍稍安定下来。的确,肉毒毒素导致的肌肉放松可能会破坏原来的肌肉平衡,故而导致这种轻微的痉挛现象。

我安抚患者,说这种情况并不罕见,一个多月应该会好。

然而完全无用,女子继续发来语音消息,一条条都是哭诉——没有夸张,确实是字面意义上的哭诉。

她的心情我可以理解,但那种感觉太糟糕了。对一个初出茅庐而又踌躇满志的"整形界新秀"来说,来自患者的否定简直是致命打击。

我一遍遍回顾当时的治疗过程,自己是严格按规范来操作的,整个流程都没有什么错误。然而让人揪心的事实是,患者在微笑时,嘴角的确会轻微抖动,就像锻炼过度造成肌肉轻微痉挛一般,也像一个恸哭的孩子在微微抽动嘴角。

是之前服用抗生素的原因?是她内心的焦虑和压力造成的?还是她原本就有点儿这种现象我却没发现?在内心深处,我一遍遍盘问自己,甚至开始怀疑自己是不是真的操作有误,是不是当时看错了刻度，配的药太浓了……

那段时间，我竟然也陷入了抑郁，什么都不想做，只想简单地写写病历，也不愿再争取任何独立操作的机会。后来我常想，有时候外科医生看似沉着冷静，但坚毅的外表下，内心其实都无数次经历过这种过山车式的起落。这或许是身为外科医生的宿命——看尽冷暖两端，方得中庸之境。

困惑、焦虑，但又必须倾听、回应——我觉得自己有义务陪她熬过这难熬的一个多月。

一遍遍安抚，一遍遍道歉，一遍遍劝她再等等，然而一切都是徒劳，她的情绪愈发激动，甚至向我发出死亡威胁。

我害怕了，甚至很害怕点开微信，害怕弹出的任何一个消息提示。

有一夜，又收到十几条微信消息，我沮丧至极，打电话给一个好友，他在海外学医，正读博士。

"最近遇到一件事……"我滔滔不绝，一口气说了二三十分钟，难为那哥们儿就那么静静地听完了整个故事。记得收尾之前，我说："我不知道自己到底适不适合做个医生。"

"嘿，该听我说了，"电话那头语气却十分轻松，"刚刚听你那么绝望，我还以为是因为你的失误把什么人给害死了。"

"你可别胡说了……"

"我就问你一句，患者能恢复吗？"

"能，只是需要时间。"

"摸着良心说，你的操作有错误吗？"

"没有吧……至少科主任不认为有。"

"那你还担心什么呢？"

是啊，我到底在担心什么？

担心自己需要承担责任？不必，因为我自问操作没有什么不合规范的地方。

担心患者不能恢复？不是，因为同行的经验告诉我，她一定可以恢复。

担心患者一时想不开自寻短见？但她给我发的微信消息主要是在抱怨、发泄情绪，甚至是威胁，似乎还不至于到自寻短见这一步。

那我在担心什么？

我还是不知道。

然而，有些事情就是这么神奇，从我打过那个电话之后，患者就再也没有发来语音消息。我仍然不放心她的状态，好在她的朋友圈时不时还在更新。

我的心情也慢慢好起来。

四

在这次肉毒毒素注射事件三个月之后，我的生活逐渐回归正轨，几乎不再受这件事的影响。

又过了一阵子,随着操作和治疗次数的增加,缓慢积累的自信又开始占据我的内心。

然而,这个过程是缓慢的。

或许是因为之前的事件,我的操作更谨慎了,说话也更留有余地。

每当有人想注射肉毒毒素,我必定会问:"以前打过肉毒毒素吗?"这是很多医生会疏忽的细节。对于那些第一次做治疗的患者,术前谈话时我会格外用心,也会更多地体会他们和其他患者不同的心境。

技术上,给首次接受治疗的患者做面部除皱时,我通常会降低药物浓度,把更多的药量分布在副作用较少、治疗目标是面部提升的颈阔肌注射中,这不仅是因为这样做可以避免初次注射带来的表情不自然问题,更是因为可以达成比较明显的下颌缘紧致效果,容易被患者接受。

对于咬肌部位,偏下和更集中的注射可以降低中面部(面颊)凹陷的概率——也就是说,对于颧骨过高且较为消瘦的求美者,这种治疗可减少双颊凹陷的情况。对于瘦肩、瘦腿,更多的是要因人而异,注射在影响线条流畅度的肌腹处,这需要更仔细的观察、诊断,以及更个性化的手法……

肉毒毒素注射的确属于微整形,但一些微小的改变就足以缓解初次治疗的患者紧张与焦虑的情绪,树立其对治疗的信心。后来,我在肉毒毒素注射方面渐渐有了一些人气,竟一度出现因找我除皱或瘦脸的人太多而一号难求的情况。这是我完全始料未及的事情。

那些杀不死你的，终将让你强大。诚如斯言。

某天下班后，又收到一条来自那位患者的微信消息。

我犹豫了一会儿，想着干脆别看了，转念一想，不点开我也许更难放下。

"郭医生，我要向你道歉……"只看了第一行，我就长长呼出一口气，泪水几乎要夺眶而出。

"之前所有的骚扰和抱怨，大多不是针对你……那时和谈了七年的男友分手，我需要一个出口……"那时地铁正经过厦门的海面，我呆望着远方，看到夕阳缓缓消失在远山之间。

许久之后，我划动手机，点下删除键……

或许我不该这么做，这个案例至少可以作为一个借鉴、一个提醒。

可是终究，那段自我怀疑的时光还是不堪回望。

说是不堪回望，但怎么可能不回望？

反思自己的整形医生之路，始于肉毒毒素注射，也伤于肉毒毒素注射，那个女孩给我内心带来的压力，在很长一段时间里，刻骨铭心。

如果你遇到一个医生，感觉他说话很谨慎，从来不敢把话说得太满，总是四平八稳，稳重得甚至有点儿冷漠，成熟得甚至有点儿圆滑，那可能就是另一个我。请试着去体谅他的苦衷，试着去感受他的理性。

经历了这些之后，我开始注意观察每一个患者，像福尔摩斯一样留心各种细节，用心思考他们的问题所在：是真的容貌焦虑，还是属于焦虑或抑郁的外在投射？如果是后者，我有能力或者有信心帮助他们吗？

我希望每个对医美有兴趣的人，都能真正了解医学技术的能力范围。任何操作都是风险与收益并存的，你必须十分了解要做的医美项目，才能对自己负责，不要因自身焦虑或者别人的建议，就盲目就医。在接受咨询的过程中，我总是花很多时间做一些科普，就是想让每个患者至少都能大致了解自己所要面对的治疗。

我也越来越频繁地劝退咨询者。这些人的表情总是焦虑的，面容又总是近乎完美无瑕，可他们自己对着镜子的时候就是看不到这一点。我不知那些踏上医美之路的人，有多少是源于心中自发的压力与恐惧，又有多少是受到广告和身边人的影响。

在做出选择之前，请严肃地问问自己：

你真的需要医美吗？你又真的了解医美吗？

哪怕是很多人接触医美的第一步、确实堪称微整形的肉毒毒素注射，也并非全无风险。在"试试看"的心态发挥作用之前，请严肃地问问自己：

你真的需要肉毒毒素注射吗？你又真的了解肉毒毒素注射吗？

五

如今，肉毒毒素注射是全球医美市场中备受瞩目的明星项目。对于动态纹、咬肌肥大，它的确具有明确而长期的作用效果，一次注射的效果通常可以维持四到八个月。又因为价格相对较低，且几乎没有修复期，注射简单方便，很受医生和患者的青睐。

然而，它毕竟是一种医疗手段。

究其缘起，肉毒毒素最早是因为具有阻断神经肌肉接头的作用而被发现，在临床上用于治疗睑痉挛——一种非自主性的眼睑肌肉震颤，也就是频发性眨眼。这种注射治疗取代了眼轮匝肌切除术，慢慢成为针对睑痉挛的首选方案。

之后，肉毒毒素又被用于治疗咬肌肥大——一种会导致方脸的肌肉肥大。

渐渐地，它也被用来治疗面部皱纹，通过放松微表情肌，阻止肌肉对表皮的牵拉，进而减轻皱纹，使皮肤更光滑。

近年来，又有肉毒毒素被用于治疗手汗、腋臭等汗腺过度分泌的病例。

最后，就是瘦腿——在这里，特指瘦小腿。

每一次治疗范围的扩大,都意味着我们对这种治疗手段和肉毒毒素的生理作用有了更深刻的认识,也意味着为有需求的求美者带来一些机会,或者说诱惑。所有这些治疗,国内都有开展,整体来说,也较为安全。然而任何治疗,都存在利弊抉择。

除皱,意味着可能抑制部分表情活动,让面部神态多少有些冰冷僵硬,造成"面具脸"。这是肉毒毒素注射最普遍的副作用,简单说就是做不出什么表情。

瘦脸,意味着咬肌肥大的求美者在接受注射后,有可能出现咀嚼无力的情况,甚至在短期内丧失咬硬质食物的能力——通常持续一两周,与过度咀嚼口香糖后的咬肌疲惫状态类似。对于肉类爱好者来说,这无疑是个打击。而如果求美者本身中面部就存在凹陷,那么肉毒毒素注射可能会加剧这种凹陷,使面容显得憔悴苍老。

瘦腿,问题更大。这种治疗会导致小腿无力,造成跑步或长久走路时容易疲倦,而且效果通常不甚明显,收益较小。所以这种治疗需要特别慎重,一般只适用于局部肌肉线条粗大外扩的人群。

肉毒毒素注射用于手汗和腋臭治疗时,效果显而易见,几乎没有副作用。然而,这种治疗的持续时间有限。好在对于那些严重恐惧手术的人来说,这无疑是一种福音——前提是注射剂量处于特定范围之内，医生的操作手法足够熟练。

作为医生，我几乎每天都注射不下十支肉毒毒素，只要打得多了，就不难发现它导致的各种问题：单侧及两侧压眉或眉毛上提，蛙腮或口角歪斜，表情僵硬、笑容不自然，等等。好在这些不良反应往往可以在一周至一个月内逐步改善，不必过于担忧。

可第一次注射的求美者通常不知道这些，就像我遇到的那位患者一样，那些没有必要的焦虑往往令其陷入过分的自我关注之中，导致严重的抑郁或焦躁情绪。

还有，如果求美者本身有抑郁症，那么我们不建议打肉毒毒素。相关研究表明，肉毒毒素虽然可以抑制表情肌、治疗动态纹，但在部分求美者身上，这种抑制也可能阻碍人的共情能力，从而减少感情表达，加重抑郁症状。

我第一次读到这类报道时也十分吃惊。

在此要提醒每一个求美者，如果你最近心情不好，无论是因为感情问题还是工作不顺，肉毒毒素注射都很可能放大负面情绪，这时候接受治疗往往得不偿失。毕竟，我们选择去做医美，只是希望改善问题，那么就必须杜绝各种负面体验。

所以，如果连接受最"轻微"的肉毒毒素注射都需要如此小心，对于其他的医美项目，是不是更应该三思而后行呢？

快乐是最好的医美

那些容貌焦虑的人中,其实只有少数人真的存在容貌问题,而更多人的问题在于焦虑本身。更何况,即便是有影响容貌的症状,也不能完全依赖药物和手术。很多情况下,最好的治疗是心理的疗愈,而要想疗愈心理、改善情绪,"主治医生"只能是自己。

有时候很奇怪,你越是诚实地告诉别人,某些治疗存在风险,某些治疗效果有限,他们越是难以接受,反而更愿意相信那些信口雌黄的"神医",以及其极力推销的"神药"或"神术"。经济学上有个理性人假设,意思大概是"每个人都理性追求自己的最大利益",但作为整形医生,我的体会是:人总是会以自认为理性的方式,做出非理性的选择。

到头来,患者还是只能回到科学的边界之内。

一

也许除了黑种人,所有人种,包括我们黄种人,都免不了遭受各种色斑的困扰。整形科内,常见的色斑有太田痣(胎记)、雀斑、后天性色素增多症(褐青痣)、晒斑、黄褐斑,以及脂溢性角化病(老年斑)等。

听起来很复杂?稍微了解一下就简单了。

不同的色斑对应着不同的好发年龄,如果不要求判断得特别准确,那年龄就是判断色斑类型最简单的办法。而刚才罗列的,就是按照好发年龄从小到大的顺序排列的。

太田痣,大多在出生时伴发,典型的"患者"可能是"青面兽"杨志。

雀斑,通常在青春期伴发,特点是面颊部有点状小块色斑,白种人青少年高发。那些简直可以称为少年标志的面颊部斑点,就是典型的雀斑,而这几乎是所有色斑中治疗效果最理想的一种。

褐青痣,大都发生在中学时期,是青褐色的小斑点,因为层次较深,看起来没那么显眼,也最容易被忽视(如果真能忽视,也就无所谓治不治了)。

晒斑,一般发生在成年人身上,特别容易发生在经历暴晒之后,为黄褐色斑点,色泽比雀斑要深。其实晒斑的定义比较模糊,光照后发作的各种色斑通常都能被笼统地称为"晒斑",因为治疗方式雷同,也不必做非常细致的区分。

黄褐斑,好发人群为三十岁以上的女性,表现为颧部、面颊部的蝶形黄褐色斑点,常常是大片难以界定边界的色沉。这是最讨厌的色斑类型,它容易因受到各类物理化学刺激而加重，易复发，不可完全治愈。

最后一种，老年斑，比较容易辨别，因为它发病较晚，且突出在皮肤表层，表现为圆形或近圆形的黑褐色斑块，通常年龄越大越多，几乎在所有老年人面部都可以看到。

大体上，关于各种色斑的常识，一般人知道这些就够了，因为如果要治疗色斑，最终还是必须到正规医院，找到合适的医生。了解这些，只是让我们对自己或身边人的色斑类型，以及对应的治疗与预后，有个大致的概念。

上面这些色斑，我最不希望遇见的就是黄褐斑。

黄褐斑成因复杂且不明确，治疗上自然存在难度。更让医生感觉棘手的是，通常而言，严重的情绪起伏或者抑郁是这种色斑的重大诱因之一。这也就意味着很多患者伴有情绪问题，而这又是整形科无能为力的。

或许同样是这个原因，相当多的黄褐斑患者过于关注短期疗效，一旦疗效不能尽如人意，就焦虑不堪，甚至转为抑郁，于是病急乱投医，盲目地去做一些不仅无助于恢复，还会刺激皮肤、导致色斑扩散和加深的治疗。这又反过来进一步加重焦虑，让他们变得更急切、更盲目……由此陷入一种恶性循环。

很遗憾地说，这样的情况在我们科室中出现过不少，在同行科室中更是屡见不鲜。

其实，治疗黄褐斑最好的辅助手段就是情绪疗愈。如果患者能有个平常心，分散注意力，扩大自己的兴趣领域，调节情绪，改善睡眠，以快乐的心情投入生活，再从真正的生活中获得更多快乐，那么原来被视为心头大患的黄褐斑，往往不需要过多干预就会慢慢改善。

作为一个靠治疗和手术吃饭的医生，说出这样的话来，似乎是在逃避自己的责任，但是我必须说，这是真的。

我们看看顾丽的故事。

二

顾丽说自己是慕名而来的，这可能是真心话，也可能只是拉近距离的恭维。

其实我一听这个就头大，如果真是慕名而来的，通常意味着患者心怀过高的期许，对治疗或手术后的效果抱有过高的预期，万一无法满足，失望甚至怨恨就会接踵而来。

"我是个老师。"

听到这句介绍，我不由心中一凛……

这当然不是我在上学时有过什么心理阴影，而是因为同行中对老师这个职业的一种刻板印象。

很多整形医生其实挺害怕老师的，尤其是小学老师。按照同行的理解，出于职业原因，老师通常需要在学生面前树立权威，而在督促学生学习的过程中，又习惯于让学生绝对服从和配合。这对小朋友非常重要，也是他们养成良好习惯的必经之途。然而有些老师长期处于这种状态，会不自觉地难以接受不同观点，甚至有点儿固执和自以为是，这让医生在和他们沟通时非常吃力。越是低年级的知识，越显得确定，很多小学老师形成了非黑即白的世界观，然而现实生活的问题，却往往不止一个答案。

这样的认识当然是一种偏见，并非所有老师都有这种倾向，甚至很难说老师群体中这种情况的比例一定高于其他职业。然而坦率地说，类似说法听多了，凡是碰到老师，我也会心中咯噔一下，变得格外留神，特别是在刚开始接触的时候。

顾丽四十三岁，一身职业装扮，得体的衬衣，及膝的黑色西装裙，脸上稍有淡妆。然而即使化了妆，也能看出藏在底下的色斑和暗沉的肤色。她和她年轻的同伴都教语文，也都兼任班主任。

后来我才知道，顾老师工作非常出色，甚至可以说是学校的明星教师，在整个厦门都极有名望。

"郭医生，听说您在色斑治疗上很有名，您看看我脸上的斑能治好吗？"

我仔细看了看她的脸，肤色较深、暗沉，面颊部分布着零星斑点，混合着晒斑、老年斑及雀斑。不大好弄呀，我内心寻思。

"您这种情况属于面部混合斑，有好几种类型的斑，而且您肤色偏深，如果真要治疗，效果可能一般，还会有一定的色沉风险。"

对于肤色较深的患者，我们一般会先郑重提示风险，以免日后出现色沉导致纠纷。很多肤色较深的患者接受超皮秒激光治疗后，会有一到三个月的色沉期。这种色沉通常是炎症性的，也就是说皮肤损伤后并发轻微炎症反应，导致了色素沉着。在患者自己看来，就是术后一周结痂脱落后，色斑本来干净了，但再过个一两周，色素又回来了，甚至比原来更深。好在这种色沉通常三到六个月内会自行缓解或消失。

"色沉？风险有多大，色沉了会怎么样？"

"可能会比现在的斑颜色还深。"

顾丽沉默了一下，看起来是在沉思，几秒钟后她问了所有人都会问的问题："那我做这个治疗，意义是什么？"

"这个治疗有一定的色沉风险，但不是每个人都会发生，发生概率在20%到30%。并且，即使出现色沉，三到六个月后也会逐渐消失。但是如果不处理，色斑几乎是不会自行消退的。"

"哦，这个意思啊。那，这个损伤大吗？"

"会结痂，痂通常五到七天脱落，这期间不能碰水。超皮秒激光治疗后结的痂很薄、很浅，刚开始看起来就好像色斑变深了一样。总体来说，损伤不大，是局部的，而且能够恢复。"

"这样啊，那我得考虑一下。"

"的确应该好好考虑，我建议您寒暑假来做，这样可能会稳妥一些。"

"谢谢郭大夫，您的建议很好，我回去想想。"

眼看顾丽她们准备起身离开，我松了一口气，也为自己之前的小心思感到惭愧。看来确实没必要以刻板印象看人，就把每个人当成普通患者，不预设自己的态度，正常沟通便好。即使顾丽的后续治疗并非一帆风顺，她的认识也难免存在一些误区，但绝不能说那和她的职业身份有关。

"对了，郭医生，你们这里有药水点斑吗？"

药水点斑一般是指用各种腐蚀性的药液剥脱表皮，其原理是让表皮灼伤后自行修复，也可以用来去除某些色斑。

"不是太建议，药水的浓度很难掌握，有时剥脱过深容易造成化学灼伤或瘢痕，太浅了效果差。我们这里没有这种治疗，风险过大。"

"哦哦，好的，那超皮秒激光治疗一次多少钱？"

我说了价格。她若有所思，以我的经验，她大概在盘算哪家医院或诊所更便宜。这也正常，无可厚非。通常三甲公立医院的价格比较固定，根据不同仪器、不同色素类型和色斑多寡而有所差异，祛斑价格一般为每次五百到三千元不等。而有些私立机构因为营利需要，会依据求美者的消费能力而差异化定价，上下浮动较大。同时，因为这种治疗的价格比较灵活，私立机构做营销活动时也可能有较低的价格。

"您可以考虑一下，抽个合适的时间再约。"

"嗯嗯，谢谢郭医生。"

顾丽转身出门，我站起身叮嘱了一句："最好不要尝试药水点斑，风险真的很高。"

"谢谢。"她笑了一下。

马上又是几个患者进来。

接下来一个月，顾丽再也没有和我联系，我也逐渐淡忘此事，直到那天接到她打来的微信语音通话。

三

许多医生明确拒绝一切语音通话，即使患者打来，也会直接挂掉，为何？因为几乎每个成熟医生接诊的患者可能都成千上万，稍微出名一些的通常都有两个微信号。不是因为要将生活与办公分开，而是因为一个微信号只能加五千人，后来的患者又有咨询需要，那就只好再多申请一个微信号。

如果接受语音通话，那一天下来我们什么都不用干了，光这个就能耗去所有时间。所以，除非状况紧急，如果有患者直接打语音通话，我们不仅会拒接，甚至还会心生不满——在手术治疗时，一个不断震动的手机，会让人心神不宁。

顾丽的语音通话打过来时，我看都没看，直接挂断。等我下午做完所有激光治疗，再看手机，她已给我发了不下十条语音消息，几乎每条都超过五十秒。

又是让我恨不得原地爆炸的情节。

我注意到语音消息之间穿插的两张照片，想起了她是谁。

唉，果然没听我的，她还是去做了药水点斑。

照片放大，我一看她的两颊，不禁倒吸一口凉气。说来惭愧，第一时间我甚至有点儿庆幸自己没给她治疗，那时候如果治疗，估计也有可能造成这种情况：两颊都是非常明显的蝶形斑块，色如咖啡，面积大概超过十五平方厘米。

不消说了，这是典型的黄褐斑。

对于黄褐斑的成因，医学界并没有明确统一、得到公认的理论，但黄褐斑一旦形成，要去除，简直无比艰难。更何况，还是这种深色且面积巨大的情况——药水点斑，灼伤，恢复不佳，原有的黄褐斑受到刺激，进一步加重，以至于更难治疗。

顾丽原本就暗沉的脸现在更是遍布深浅不一的斑块，我隔着屏幕就能感受到她的焦灼。

她迅速和我约了面诊时间。

然而，面对如此严重的黄褐斑和炎症性色沉，我其实没有多少信心。

——任何一个同时拥有专业知识和职业良知的医生都会如此。

——尽管顾丽的事情已经过去五年多，我至今仍然如此。

黄褐斑之外，几乎所有类型的色斑，包括文身，基本都可以通过激光去除，比如使用强脉冲激光（光子嫩肤）或调 Q 激光。选择合适的波长，进行爆破，三至六个月一次，不同的色斑只是需要的次数不同而已。雀斑效果最佳，寥寥几次即可；有些类型的晒斑，则需要比较多的次数。

去除文身只能用调 Q 激光，不能用强脉冲激光，后者容易造成严重烫伤。

调 Q 激光是一种以特定波长的光来选择性破坏黑色素的治疗方法。简单来说，当激光穿透皮肤后，能量会被黑色素优先吸收，于是黑色素瞬间被击碎成微小的颗粒。这些颗粒会被人体的免疫系统慢慢代谢掉，随着时间推移，色斑就逐渐淡化。

这种激光的特别之处在于它采用的"Q 开关技术"，这是一种能让激光能量在短时间内爆发出来的方式。每个激光脉冲的时间短到纳秒（十亿分之一秒）级别，可以非常精准地瞄准色素细胞，同时避免伤害周围的正常皮肤。正因为有这种高能量和短脉冲特性，调 Q 激光特别适合治疗雀斑、晒斑、老年斑等浅表性色斑。

然而黄褐斑的治疗与之对比，可谓大相径庭，甚至连激光在黄褐斑治疗上是否真正有效，目前国际上都存在争议。所以，黄褐斑的首选治疗方案是保守治疗，也就是涂抹或口服药物。

无论是否符合患者的期待，这就是现状，这就是事实。

四

"郭医生,现在这样真的没法儿见人了,我上课都不敢摘口罩,有没有什么办法赶紧把脸弄好?"

顾丽的衣着依旧端庄得体,神色之间却难掩焦虑。

"我现在脾气都不好了,有时候真控制不了自己,忍不住骂学生,过后又常常后悔。"她本来就喜欢皱眉,一段时间不见,眉间已经形成了深深的川字纹,"我……我开始失眠,而且一洗头就掉头发。"

我认真听着,几次想插话,她却自顾自地说着:"有个孩子上课睡觉,我很生气,让他绕操场跑五圈,结果他……他跑到一半晕倒了。后来我才知道,这孩子父母闹离婚,他已经好几个晚上没怎么睡觉了……我真的倒霉……学校因为这个对我口头警告了,郭医生,我真的必须把脸治好,不然就没法儿工作,也没法儿生活了……"

说着说着,她忽然停住,抬头望着我——也许是意识到了自己所说的已经超出问诊内容太多。

轮到我了,可我心里嘀咕的是:我是应该首先疏导心理,还是直接谈治疗?

"顾老师,"我顿了一顿,"您在听我说吗?"

顾丽用有点儿失焦的双眼盯着我。

"您首先要做的,是别照镜子了。"

"什么意思？郭医生，我不懂！什么叫别照镜子了，我的脸没救了吗？"

"不，不，完全不是这样，您听我说。"

她目不转睛地望着我，好像我是包治百病的神医似的。

"黄褐斑，是一种很特殊的色斑，目前我们并不知道它的确切成因。然而有一点基本确定，它跟几个方面高度相关。其中之一就是情绪，如果情绪容易起伏，老是发脾气，或者生闷气，黄褐斑就很容易出现，并且难以消退，长期情绪不佳还可能会让黄褐斑的范围扩大。"

"郭医生，这个我懂，我查过，你说的没错。可是，我无法控制啊。"

"顾老师，您从进门到现在，眉毛就没有舒展过。"我非常认真地看着她，"您还记得自己眉毛舒展的感觉吗？"

她略一迟疑，眉头微微一皱，随即又展开。

"记住这个感觉，您要时时感受一下眉毛是否舒展。"这其实是心理学上的一个小窍门，这样的有意观察可以让患者对自己的情绪有所认知，帮助他们逃离焦虑和压抑。

"还有，黄褐斑和睡眠也很有关系，您要改善一下自己的睡眠。睡前喝杯温水或温牛奶，别看电视，白天多运动一下，这些都有助于睡眠。"

"郭医生，这些我知道，我想知道有没有什么更快的方法。"

"没有。"

我回答得很决绝。临床经验上，如果患者不改善作息和情绪，黄褐斑几乎不可能治好。很多时候，情绪和作息的调节比其他治疗更有作用。

顾丽好像有点儿生气，要发作，又忍住了。

"情绪和作息，是只有您能掌控的，如果连这些都做不好，即便做些治疗，效果也非常有限。"

"好，我尽量去做。"

"还有，要尽量防晒，不要用任何刺激性的化学物质，知道吗？"

"好的，我一定做到！"

"这不是一句话就能搞定的事，一定要想办法调节作息和情绪啊。"

"好的，可是郭医生，到底还有没有别的办法？"

我轻轻一笑："顾老师，您的眉头又拧起来了。"

她忽然有所觉察，吃了一惊，好像明白了我的意思，尴尬一笑。

通常来说，如果患者的情绪不能改善，我不会进行治疗，因为几乎不可能有效果。对于黄褐斑问题，医患要达成的最大默契就在这里，不着急、不焦虑、锻炼身体、好好休息，这其实就是治疗的关键，也是其他治疗的基础。

但是显然，顾丽和我还没有达成默契，她还在追问："好了，郭医生，我知道我要调节情绪，刚才我又着急了。请你说一下治疗方法吧。"

或许开些药物也有助于她改善情绪？

于是我说："这几个药我会开给您，两个口服的，一个涂抹的，还有一些护肤品，也可以一并推荐给您。您有没有什么基础疾病？肝肾功能有没有问题？"

"没有，我很健康的。"

当时，我给她开的口服药物是氨甲环酸片（用于减少色素生成）、维生素C，涂抹药物是氢醌乳膏（一种皮肤褪色剂），护肤品是传明酸（其实就是一种氨甲环酸外用涂剂，用于抑制黑色素生成），以及一种虾青素类淡斑精华。此处我虽然列出了这些，但请读者一定要记住，不可自行乱用，必须去医院找医生进行正规治疗。

看我开了药物，顾丽的眉头终于舒展开来，但还是问我"有没有其他办法"。

"目前首选的治疗方案是保守治疗，不过……"我一边说，一边看着顾丽的反应，她紧盯着我，好像燃起了无限希望，"不过还有一种方法，就是强脉冲激光辅助治疗，这种治疗最多只能作为辅助，效果不会很好，而且需要多次治疗。"

"您说，只要有效果，什么都行。"

"强脉冲激光,您听说过吗?"

"就是光子嫩肤,这我知道的,这个有用吗?"

看来她还是比较了解的,其实还有一种也在广泛流行的疗法可以选择,那就是超皮秒激光。这可以理解为一种升级版的调Q激光,因为其脉冲时间比一般调Q激光更短。有报道说,特定波长的超皮秒激光对黄褐斑有效。

然而两相对比,我更喜欢光子嫩肤,一是因为它效果稳定,不容易出现加重色斑的情况;二是因为它的价格通常相对较低。

"光子嫩肤有一种低能量模式,在临床上对黄褐斑有一定改善作用,我们可以试一试。但是,这种治疗见效较慢,需要多次治疗才会有效,通常需要三至六个月的治疗周期。"

"我愿意,今天可以开始吗?郭医生,谢谢,今天可以的话就帮我安排。"

看她焦急的神色,我非常怀疑这样的治疗会不会有效果,然而还是觉得值得一试。

为何?

黄褐斑通常分为色素型、血管型和混杂型。色素型是指皮肤色素堆积,血管型更多的是和毛细血管分布相关。激光治疗有效的,只有色素型(对混杂型有一定作用,但效果欠佳),而几乎所有因为激光或化学物质刺激所导致的黄褐斑,都是色素型的。所以,顾丽的色斑有一定改善的可能。

除此之外，考虑到治疗可能带来的安慰作用，我认为这也有助于她改善情绪。

于是很快地，我们开始治疗：

590纳米滤片，二脉冲，发射。640纳米滤片，三脉冲！

有时在做治疗时，我会在同一个区域打三遍，采用不同波长，能量一次比一次低。这样一来，对于不同层次的色素都会有一定效果。

顾丽的治疗大概持续了十分钟，她向我道谢，起身离开，似乎满怀着希望。

五

过了一周，她发来信息。

因为又一次体罚学生，她被家长投诉，学校给了一个警告处分。这意味着，到年底的时候，她将与今年所有的荣誉与奖状失之交臂。

然而，也因为这，她说自己忽然放下了。

以前，她的性格非常急躁，总希望学生出成绩，希望他们听话，希望所有事情都在确定的轨道上运行，稍不如意，就容易发火。而如今，她第一次成了"失败者"，这种以往绝对不可接受的经历，反倒引起了她的反思。

我以为是自己的治疗有了作用，但她接下来的信息，对于药物和光子嫩肤只字未提：

郭医生，非常感谢您。

您的一句话让我至今铭记，那天您说，"您的眉头又拧起来了"，这句话几乎和我女儿对我说的话一模一样。她说，妈妈生起气来好凶！我越发感受到了自己的暴脾气，我开始学习观察自己，像一个朋友一样观察自己的言行。我发现自己真的很爱拧眉瞪眼，而每当要发脾气时，我就会感受到自己的眉毛正在拧起，这个观察对我帮助很大，几乎每次都能让我的脾气马上消解。

不知为何和您说这些，因为这次经历，我终于有机会审视自己，爱人也开始夸我脾气变好了，原来的种种矛盾渐渐消退。说这些，只是想表达感谢，感谢您的耐心和坦诚，您没有像其他医生一样只是想治好我的脸，甚至极力怂恿我尝试各种治疗，而是想改变我的内心。

所有这些我都无比感激。打扰了，再次感谢。

顾丽治疗了一次，就再也没有过来，我不知是她的脸好了，还是她心里真的放下了，又或者两者兼具。说实话，指望做一次光子嫩肤治疗就有很大的改善，我是没有信心的。

因为微信好友列表中有她，我在朋友圈时不时会看见她的动态。刚开始，她发的只是和学校有关的消息。三个月后，我看到她发了几张合照，是她和一些学生的照片。毕业季了，我想。

第二章　求美是一种修炼

学生们一个个喜笑颜开,被环绕在中间的她,脸上也洋溢着笑容,眉心一片舒展。

照片放大,我仔细看,她的脸颊上并没有黄褐斑。

也可能是开了美颜吧,我想。

然而,只要她的愁眉能够展开,就算是还有黄褐斑,有朝一日也会彻底消失吧。

何况,只要她的愁眉能够展开,即使色斑没有消失,又有多大的关系呢?

在快乐面前,许多关于容貌的焦虑都会烟消云散。

你是第几个吃螃蟹的

第一次吃螃蟹的人是很可佩服的,不是勇士谁敢去吃它呢?螃蟹有人吃,蜘蛛一定也有人吃过,不过不好吃,所以后人不吃了。像这种人我们当极端感谢的。

——鲁迅

和网络上各种恶搞的"名言"不同,这段话真是鲁迅说的。关于第一个吃螃蟹的人,老先生替我们考虑过了,而我每次拿起一只螃蟹的时候总是会想:谁是第二个吃螃蟹的人?谁又是第二个吃蜘蛛的人?

一

记得刚从韩国留学归来时,线雕手术在国内大有如火如荼之势,可以说是微整形领域最热门的项目之一。这让我很惊奇,因为在韩国,并没有什么医生做这个项目。

起初,我还以为是自己落伍了,赶紧恶补相关知识。

所谓"线雕",顾名思义,可以简单理解为:将可被人体吸收的、带有锯齿形边缘的线,植入到皮下深层,借以钩住真皮及筋膜,并反向提拉,以达到延缓松弛及衰老的作用。

宣传铺天盖地,手术热火朝天,而我,也许是因为太保守,每次碰到当红的流行项目,总会不由自主地担忧,不愿意让患者或者自己去冒险。

我到处看来看去,培训和讲座听了不少,可听来听去感觉还是主观评价甚至吹捧居多,技术上的解析和论证太少,最后只好去看人操作。看完后回家埋头寻思,越寻思越不想做这个项目。

在我个人的偏见中,线雕的缺点其实很明显。

一是疼痛。这种治疗需要手术埋线,必须打麻醉药,不然操作过程中患者会较为疼痛,一般人难以忍受。然而打麻醉药的过程也十分疼痛,这就导致整个手术舒适度较低。

二是疗效短。虽然刚做完时对皮肤会有一定程度的提升效果,但持续时间较短,往往只有三个月左右,于是需要频繁治疗。

三是副作用较明显。线雕产品厂商过多,导致市场有些混乱。埋植的线于人体而言毕竟是一种异物,有可能引起免疫排斥反应。关于术后出现鼓包、红肿的报道也较多。

最终,在患者需求和个人疑虑之间,我并没有太为难,因为在我开始独立行医那时,线雕的热度已经很快衰减了。

但我的确尝试过线雕治疗。

二

那次的手术对象，还是我前面提到过的护士长。

因为厂家推广，所以这是一次免费治疗。护士长倒是十分热衷，自告奋勇要当受试者，但我有些忐忑，因为要进行的是我内心不大认可的治疗。

自打我来到这个科室，护士长就对我照顾有加，抛开私下的关心、指点不说，她还总是有意无意在主任面前夸我手术技术如何好、患者如何称赞。所有这些都让我感觉温暖，但也让我更加不安。

"没事，小郭医生，要真是口歪眼斜，我就天天坐你办公室门口哭，怎么也得弄个五万十万才算完。"她躺在治疗床上打趣。

我苦笑，心下却很感激。

"线雕无非就是疼，即使出了问题，也是暂时的。你就放心扎好了，我保证不爆粗口。"

她继续安慰，我继续苦笑。居然让一个躺在治疗床上的"患者"安慰医生，我感觉自己这行也是做到头了。

你如果常来整形科，可能偶尔会看到这样一幕：一个医生给一个躺在治疗床上、穿着护士服的"患者"做治疗，周围还有一群医护围观，大家说说笑笑，就好像一起欣赏什么表演似的。

第二章 求美是一种修炼

整形外科必须与时俱进，所以时不时就要引进新仪器或者新项目。刚开始，医生多半经验不足，于是护士就充当我们的实验对象。因为有厂家支持，所以这种手术或者治疗通常都是免费的，护士也总是十分开心，毕竟风险总体可控，最差不过是没有效果罢了。

没想到这次被围观的成了我，当然，还有我们"可怜"的护士长。

等消毒完成，护士打开手术灯，我眼前一片光亮，护士长长吁一口气，手术就要开始了。

相较于其他科室与病魔和死亡的战斗，我们科室的手术没有那么残酷，更像是体育比赛，无影灯下就是我们的赛场。这里也有胜败之分，我们的每一次胜利，都意味着战胜了外貌上的衰老或残缺，让患者更年轻、更完整，也更加美丽和自信。

就像我前面提到的，做线雕手术也要局部麻醉，而且范围还不小，这意味着会带来不适与疼痛。这次手术，我要把整个面颊部及下颌缘统统麻醉，因为稍后的埋线就要在这些部位进行。

护士长紧锁眉头，攥着双拳，抵住嘴唇，一言不发，我知道她在忍痛。

"稍微忍耐一下，马上就好。"我说。

永远别信医生这种话，永远。但你也只能相信医生这种话，永远。

十几分钟后，麻醉终于结束。

"好了,打完麻醉药了。"

护士长又长吁一口气,嘴唇微动,她确实没爆粗口,至少嘴上没有。

三

线雕手术有各种埋线方式。传统的粗线需要埋植十根以上,有些激进的医生甚至会埋植二十根,两边脸颊各十根。埋线通常要从颞部附近进针,一直延伸到口角;而下颌缘埋线要从下颌角后进针,以隐藏针眼。

手术非常简单,埋植,抽出针管,往上提拉至理想部位。

我一一操作,整个过程十分顺利,毕竟这对我们来说,的确是非常简单的手术。

所有线埋植完成,我让护士长坐起,再慢慢上提皮肤。围观的医护人员叽叽喳喳,主任不知何时也进来了,我仔细打量护士长,希望一切完美。

可并不如意。隐约间,我觉得护士长右侧口角稍稍偏高,整个口周有点儿不对称。

我有些惊慌,第一时间里,真希望那只是自己的错觉。

说实话,刚做完线雕手术的脸,虽然会更紧致,更显年轻,但让人有一种面具般的感觉,这也是我很不喜欢这种手术的一点。实际手术中,产生这种问题并不完全是因为线雕手术本身,很多医生为了追求效果,会过于用力绷紧皮肤,以至于

第二章　求美是一种修炼

影响患者表情，甚至导致面部凹凸不平、线体外露。这些也是线雕手术日渐式微的原因。

这种呆板感是手术医生决定的，术后很难有什么办法，所以在给护士长手术过程中，我仔细留意相关细节，最终，没有出现此类问题。至于左右不对称的问题，按说可以通过手法做些调整——就是把另一边脸颊尽量往上提。

但我摆弄了半天，总觉得口角依旧不对称，右高左低的感觉越看越明显，以至于护士长看起来好像在撇着嘴轻蔑地笑我。

更让我尴尬的是，主任这时候也静静戴上了手套，开始上手帮我。

周围的人默不作声，看着我和主任在护士长的脸上忙活，护士长也一脸惊恐。

问题依旧没有解决，我额头出汗，手上的动作变得机械。

"你们弄啥呢？"她终于忍不住了，"拿我脸当面饼吗？再揉我是不是要交按摩钱了？"

我皱着眉，没有说话，更笑不出来，又站得远一些仔细观察。

确实不对称，右高左低，到底什么情况？

"都挺好，"我给自己打了打气，"就是右边嘴角有点儿高，应该可以解决。"我把镜子递给护士长，主任也停止提拉，认真望着护士长。

她没说话，皱着眉，不断打量自己的面颊。

我也在旁边打量，整个面部有不小的提拉效果，但总显得有点儿僵硬，有点儿紧绷。总体而言，并不自然。再加上一边口角较高，我心里给自己打分：不合格。

"哈哈，"不知为何，护士长忽然一乐，"我右边嘴角本来就高嘛，哈哈哈——"

大家立马喧闹起来。

"哈哈哈，效果不错，过几天肯定很自然。"

"哈哈哈，主任都亲自上手，白忙活了……"

众人七嘴八舌，慢慢散去。

等人群走后，护士长躺在床上休息，居然还跟我客气起来："谢谢呀，郭医生，今天辛苦了。"

"不辛苦，您好好休息。"

我打算回办公室，可走到门口时突然回头。

"谢谢护士长。"

"谢我干啥？辛苦的明明是你嘛。"

"我术前拍照时都会看得很仔细……"我轻声说，"您的口角，并没有一高一低。"

四

整形医生不同于其他科室的医生，在行医初期，或者需要尝试一个新项目时，我们经常"杀熟"，也就是拿身边的人

"开刀"。不过，因为这种情况通常都有专家团队保驾护航，而且医生也会做好充足准备，所以在此情况下的操作基本都是最安全的。

所以你要清楚一点，如果你在一家机构或医院做治疗时，旁边有一大堆人围观，那么很大可能是，这个项目在这家机构或医院才刚刚引进。幸运的是，你大可不必担心，如我所说，这种时候医生的操作往往是最安全、最规范的。

但另一方面，在这样的治疗开始之前，或许你还是应该问自己一句：你是第几个吃螃蟹的人？

我们的护士长，在线雕手术后大约一周，口角高低问题确实看不出了，然而线雕手术的效果也同样很快消失殆尽——正如同线雕手术在国内的命运。

如今，线雕的热潮早已过去，取而代之的是热玛吉、超声刀、Fotona 4D等光电仪器项目。

热玛吉是一种利用射频技术来紧致皮肤、减少皱纹和改善皮肤松弛的非侵入性美容疗法。它通过将射频能量传导到皮肤深层，使皮肤产生热效应，从而刺激皮肤胶原蛋白的增生，并促进已有胶原蛋白的重组。治疗后，皮肤会变得更紧致、更平滑，效果持续约半年到一年。

超声刀同样是非侵入性的治疗方法，但其原理是利用聚焦超声波技术对抗皮肤松弛和下垂。与热玛吉不同，超声刀可以穿透皮肤表层，直接作用于皮下筋膜层——这是与传统拉皮手术相同的深度。超声波产生的热效应，可以刺激皮肤深层组织胶原蛋白的再生，达到提拉紧致的效果，效果一般可持续一至两年。

Fotona 4D仪器前面已经多次提到，它是一种综合性激光治疗仪器，通过结合两种特定波长的激光，以四个步骤分层解决皮肤问题，主要用于抗衰老、提拉紧致和改善肤质。其激光操作"内外兼顾"，既可以在皮肤表面起作用，也可以通过向口腔内部发射激光，刺激面部胶原蛋白的再生，提高整体的抗衰效果。

三者比较，热玛吉主要针对皮肤表皮和真皮层，效果温和，适合想要在短期内提升紧致的人群；超声刀作用更深，适合皮肤有较明显松弛下垂，追求显著提拉效果的患者；Fotona 4D仪器可以全面改善面部皮肤质感，适合想要自然抗衰和提升肤质的患者。

这些非侵入性技术诞生之后，线雕的热潮渐渐退去，线雕手术成为一种略显尴尬的抗衰手术。

在护士长之后，其实我还陆续做过几例线雕手术，只不过全是"杀熟"，而后，没有再给任何前来问诊的求美者做过这种手术。

"胸模"的选择

在猎奇者眼中,隆胸手术应该是最知名、最具有话题性的整形项目。

很多人会疑惑,为什么总是男医生给女患者做隆胸?

——因为外科医生普遍都是男性啊。

医生做手术时,会不会想入非非?

——请记住,手术台这样的工作场所和日常生活有着天壤之别。

隆胸后的胸部是不是看起来很假?

——那要具体看植入的假体性质和外形设计是否合理。

隆胸是不是很危险?

——一般,中等。只要是成熟的医生做的,风险通常可控,主要的危险是过于粗暴的手术方式会导致血管破裂出血,但这在临床上极少发生。

一

从诞生之初,隆胸就伴随着诸多误解和偏见,然而实际情况可能和大众的认知天悬地隔。说来或许会让大家吃惊，在整形科，满意度最高的手术往往正是隆胸。

为何？

因为只要选择正规的机构，使用合适的假体，采用标准的操作，隆胸手术基本上效果都不错。隆胸还是所有整形项目中，效果较少依赖医生审美的手术，这就减少了无数因审美差异导致的评价分歧，大大提高了满意度。

隆胸手术发展几十年，主要分为以硅凝胶假体为主的假体隆胸、自体脂肪注射隆胸和其他材料注射隆胸，很多材料昙花一现，比如奥美定、微晶瓷，甚至生长因子等。在走过无数弯路、探索过无数液态隆胸材料后，最后才回过头发现，假体隆胸，确切地说，硅凝胶假体隆胸，仍然是所有隆胸手术中最安全的一种。

1962年，硅凝胶假体首次应用于隆胸手术。当时的技术虽不如今天这般成熟，但这种材料本身的柔软度和形态保持力，已经显示出巨大潜力。随着时间的推移，硅凝胶假体不断改进，从早期的简单设计到如今的多层结构，不仅安全性大大提升，还极大减少了手术后并发症的发生。

硅凝胶假体最大的特点就是"手感逼真"。患者在术后能够感受到乳房的柔软和弹性，几乎和天然组织无异，这种优势是硅凝胶的独特化学性质决定的。硅凝胶还是一种惰性材料，具备高度的生物相容性，植入人体后不会引发免疫排斥反应，也不会被人体吸收或分解。换句话说，它是一种"安静"的存在，只是悄悄地在皮下为患者带来丰满的体态和曲线的美感。

硅凝胶假体的另一个亮点是"形态稳定性"。不论是在姿势变化中，还是在日常运动中，甚至是在某些极端场合，它都能保持稳定的形状，不易发生移位或变形。现代硅凝胶假体还经过了多层结构设计，特别是外壳经过了纹理化处理，这大大降低了假体变硬、活动度降低等问题的发生概率，足以保证乳房在术后的自然状态。

另一方面，市场上也不断有新材料出现，这其实是医美理念往微创化转变的结果。希望进一步缩短手术时间、降低手术难度、压缩术后恢复时间，这样的理念固然是好的，然而很多未经时间检验的新材料，却带来了很多问题。

硅凝胶假体之所以经久不衰，正是因为它经过了几十年的临床验证，其安全性和稳定性已经得到充分证明。相比之下，新材料通常需要较长时间的测试和数据积累，才能被广泛认可。即使在短期内表现良好，新材料能否在体内保持良好的生物相容性、是否会产生不可预知的风险，都是必须考量的因素。

所以简单来说，假体材料的选择并不应追求新奇，而是要注重稳妥。几十年的安全数据让我们有足够的信心去选择硅凝胶假体，而非贸然尝试那些尚在临床验证阶段的新材料。

其实，液态材料最大的问题是移位，因为在乳腺或者胸大肌下虽然可以分离出腔隙，但在液态物质的不断侵袭、摩擦下，周围总会有些孔道打开，而没有任何附着点的液态材料，非常容易沿着这些孔道流动。材料移位造成的伤害，外观上往往触目惊心，治疗上又常常无力回天，故而几乎所有液态材料都被整形界放弃。

除了自体脂肪——自体脂肪属于自身组织，可在自体中存活，并且相对不容易移位。

自体脂肪注射虽然未被完全放弃，但在专业整形医生眼里，只不过是硅凝胶假体的替代物。而在众多求美者看来，却是上上之选——这或许应该归咎于"假体"这个说法，哪怕是安全性已经得到充分验证的硅凝胶假体，只要带一个"假"字，很多人也无法克服内心的偏见，感觉不能接受。

有趣的是，我们科室总共有两位护士做过隆胸，最终都选择了硅凝胶假体。我把其中一位的故事写出来，她的犹豫、选择与结果，或许可以为大家带来一点儿启发。

二

吴艺婷个子不高，性格开朗热情，我一直觉得她有豪侠气概。在我们科室，她是最受欢迎的护士之一。要不是知道她家孩子已经上了小学，很难想象这样一个活力十足的小姐姐，已然接近四十岁。

不知何时，她开始很关注科室里的隆胸手术，我和主任都以为那只是她单纯为了更好地配合医生的工作而已，并没有多想。

有一天，她溜进我的诊室，轻轻关上门。

"郭医生，我想隆胸。"

"啥？"我正喝着咖啡，差点儿一口喷出来。

"我想隆胸。"

"你开什么玩笑？"

"我认真的，你们给我做呗。"

吴艺婷说的"你们"，指的是我和科主任。我们是同一组的，这种手术通常需要我和主任一起完成。

"给我做吧，我会交钱的，绝对不占医院的便宜。"

"你倒是敢，哈哈哈……"其实我还是蛮震惊的，隆胸毕竟涉及隐私，我们平日里如此熟识，很难想象我们要成为医生和患者的关系。

"你们把我当作普通患者就好。"

"你认真的？"

"对，你看看下周三怎么样？我看你们那时候正好有一个空档。"

"你这也……真是被你安排得服服帖帖的。"

"你真的决定要做？"我再次问她。

"做是真的要做，但是……"她似乎有点儿犹豫，"你觉得脂肪好还是假体好？"

"我建议假体。"这个问题，对我来说不需要思索。

"可是脂肪是不是更自然？如果做假体，平躺时会很明显。"

的确，这是硅凝胶假体最大的问题所在。自然的乳房中，乳腺只占很小一部分，而脂肪占比较大，于是在平躺状态下会自然向两侧铺开，不会像硅凝胶假体那样依旧高耸。只要稍有经验，在平躺状态下，几乎一眼就可以看出效果上的差别。有一种水滴形假体，针对这个问题多少有所改善，但依旧无法达到完美的自然效果。

然而，这只是一个方面，不代表自体脂肪注射就更好。

"自体脂肪注射隆胸如果成功，效果的确更为自然。但如果想追求理想效果，需要填充250毫升以上的脂肪，这样就有一个问题——"

"脂肪液化？"她打断我。

"Bingo！小吴同志很专业嘛。所以如果你只想改善一丢丢，我们可以做脂肪；如果你想有较大改变，那还是做假体比较安全。否则，一旦发生脂肪液化，可就麻烦了。"

"需要再次开刀把那些脂肪取出来，对吧？算了吧，我还是做假体吧。"

"你想改变比较大？"我抬头。她有些羞涩，回避了我的目光。

"我是不想冒险好吧。"她笑。

很快,这件事儿在科室里尽人皆知,吴艺婷居然毫不在意,甚至还在吃饭时举着筷子宣布,要是做得好,她可以做模特,任何想隆胸的都可以过来观摩实物、试试手感。举座哄笑。

医院的工作相当忙碌,午餐对任何一个医护来说都是放松的机会,大家习惯一起说说笑笑,任何一个科室都是如此。医护摘下职业面罩之后,也都是有血有肉的普通人。而一旦他们躺在手术床上,也一样会变成患者,只不过,因为具备一定的专业知识,他们确实不是普通的患者。

三

小吴术前的所有测量工作,都是由其他护士完成的。通常,这些应该由医生亲自做,然而我们因为和小吴太熟,总感觉不大方便,于是由护士完成了所有测量。取得数据之后,我们选择了240毫升的硅凝胶假体。

假体的选择,要根据胸廓大小和乳房基底而定,当然,求美者的意愿也十分重要。但如果乳房基底面积过小,是不可以选择过大假体的,否则术后会极不自然。

手术当天,护士隆重地为小吴换上病号服。麻醉科前一天知道要为吴艺婷麻醉,特意选了一位女医生操作。说实话,这些体贴对手术并无什么影响,然而这种关照,却尽可能保护了小吴的隐私。小吴看在眼里，心里肯定是温暖的。

准备麻醉。小吴躺在手术床上，轻闭双眼，看起来十分放松、惬意。正准备推注静脉麻醉药物时，她忽然拉住了我的手。

"交给你们了。"她轻轻说。

"放心。"

此刻，她的丈夫正在手术室外安静等候。

隆胸手术的切口有三种位置可选择，即腋下、乳晕下及乳房下皱襞。通常，我国医生比较喜欢腋下切口，原因当然是因为这个位置隐秘性更好。然而我在韩国留学时，发现那边的医生更喜欢做乳房下皱襞切口。有次我忍不住抓住一个医生问，他竟然有些莫名其妙："你们不这么选吗？那你们选哪里？"

"腋下切口呀，平时看不见。"

那个医生低头想了想，说："腋下切口可以，但是手术比较麻烦，我们不喜欢。还有，患者也不喜欢。"在韩国，所有的求美者通常都被称作患者。

"为什么？"

韩国医生又陷入沉思。

"我想是因为她们喜欢穿无袖衣服，喜欢游泳，这样腋下切口就很容易暴露？"

我也低头沉思，不同的文化的确会对手术方案的选择造成影响。韩国女生在夏天通常都穿吊带或者无袖上衣，而我国女生更多的是穿T恤，更容易遮挡腋下切口。

至于吴艺婷，我们早就沟通过，采取腋下切口。

四

小吴进入麻醉状态，我消毒、铺巾，很快，准备就绪。

很多时候，手术，比如隆胸需要一个团队共同完成。这一次，我和主任各站一边，同时操作。

有些患者只信任某一位名医，其实他们不知道，几乎每一个复杂手术都是由团队完成的，主刀医生有时仅仅在关键几步发挥作用。当然，关键之所以是关键，就因为那寥寥几步确实也十分重要。但如果因此认为整个手术由一名医生完成，那是对外科手术的极大误解。

全身麻醉之后是局部麻醉，这种局部麻醉通常是为了防止出血与术后疼痛。

手术开始。切开，找到胸大肌边缘，沿着胸大肌下缘间隙剥离。

这些操作都需要技巧，也需要一定的力量。比如对于胸大肌下术腔剥离，如果用不到相应的力度，根本无法彻底剥离胸大肌与胸小肌之间的纤维粘连。

许多人发现盘踞外科的全是男医生，以为这是性别歧视。其实不然，我们也希望有一些女医生加入。然而外科的工作太累了，一是精神上太累，二是身体上太累，很多人大概不愿意做这样的苦力活吧。

内窥镜下，我和主任用一种叫剥离子的器件，一点儿一点儿地剥离肌肉间隙，遇到出血点就迅速止血。整个过程就像矿工在幽暗的隧道中探索。

终于，剥离完成，我们打开了完美的间隙。

最考验技巧和力量的步骤来了——塞假体。

接下来的每一个动作，都需要恰到好处的指力与角度。我们当天做的是水滴形假体，这意味着有方向和正反之分。把假体塞进去并保持正确的方向，对于没有经验的医生来说十分困难。

这种困难也是因为我们选择了腋下切口。你想，直接从乳房下皱襞切口往上填充假体，所需的行程很短，任何一个医生都可以轻松做到。然而从腋下到乳房，行程长，组织张力也相当大，故而难度增加许多。

我和主任配合，一个人拿着导引器，一个人塞假体，然后轮换，过程十分顺利。

最后是调整角度，缝合，包扎。

隆胸手术，效果总是立竿见影，当医生的也很快收获满满的成就感。我们清洗好创面，审视手术效果，原来略微下垂的乳房已然变得高挺、紧致而富有弹性。

我和主任相视一笑，随着一次又一次的手术配合，我俩已经有了十分的默契。

说起来，在一次又一次这样的手术中，最能带来成就感的莫过于给乳腺癌术后患者植入假体。让一个被完全破坏的乳房在自己手下重新恢复形态，那种幸福只有医生能够体会。

护士为小吴穿好衣服，麻醉医师停药，她逐渐清醒。

半梦半醒之间，小吴发出呢喃："有胸了吗，我有胸了吗？"

麻醉医师拍了拍她的手："有，简直完美。"然后抬头，冲我们笑，马上又严肃地对着护士喊道："送走，送走。"

我们也缓缓踱出手术间。

"已经非常熟练了，小郭，很不错。"主任通常称我"郭医生"，如果叫起了"小郭"，那就说明他心情十分放松愉悦。

我笑着说："小吴醒过来得美死。"

主任擦手："我听说是你让她选的假体隆胸？"

还没等我回答，他又说道："可以啊你！"

五

对很多求美者来说，是选择自体脂肪注射隆胸，还是选择硅凝胶假体隆胸，确实有些两难。但往极端了说，没有真正完美的方案，关键在于求美者看重什么，又愿意接受什么。最终如何选择，还是要求美者自己做出决定——当然，前提是要对两种方案都有充分而靠谱的了解。

我并不想完全否定自体脂肪注射隆胸，因为对于只想改善乳房形状，不希望有过大改变，并且重视外观自然与动态效果的求美者来说，这种手术的确合适。即便是对于希望有较大改变的求美者而言，自体脂肪注射隆胸也不是完全不可行，我个人觉得250毫升之内可以考虑。

然而，涉及脂肪注射的手术，安全性是最需要着重考虑的。任何整形手术，都必须找到十分可靠的医生才能做。否则，宁可放弃，也不要贸然进行。

为何我一再强调脂肪注射的风险？

原因在于涉及脂肪注射的手术具有多重复杂性。脂肪的提取、处理和注射，每一个环节都需要精细操作，稍有差池就会影响手术效果或引起并发症。而脂肪细胞的存活率问题、脂肪栓塞的潜在风险、感染与坏死的可能性等，进一步增大了手术的风险。尤其是脂肪栓塞，如今社会上大量进行的脂肪注射手术大大增加了事故病例，而在临床中，整形手术最严重的医疗事故往往都涉及脂肪。这也是我在前文提到过的。

目前有些医生推荐采用多层注射，注射之后脂肪不会过于集中，这可以在一定程度上防止脂肪过度聚集导致的供血不足，进而有效避免脂肪液化的风险。这一方法值得考虑。脂肪注射时，如果局部注射的脂肪量过多，容易导致脂肪过于密集，进而造成中心脂肪远离血供、细胞死亡，并分解为液态物质，这就是所谓的"脂肪液化"。而多层注射确实可以大大降低这种风险。

我们所谓的"脂肪隆胸"，特指使用自体脂肪，这就意味着需要在注射前吸取足够多的脂肪以供注射使用。考虑到吸脂中不可避免的细胞破坏和损失，吸脂量通常要在600毫升以上。对于一些体格偏瘦的求美者，去哪里吸取如此多的脂肪也是个不小的问题。于是有时候，我们需要在腹部及大腿进行多部位吸脂，这又增加了吸脂时间，有可能导致脂肪细胞因长时间暴露而死亡。

另一方面，即便我的两位同事都选择了硅凝胶假体隆胸，我也不能说这种方案完美无缺。除了前文提到的形态不够自然的问题，对医生的选择同样是关键。

硅凝胶假体隆胸手术中，塞假体真的是个技术活，若塞入得不恰当，很容易导致硅凝胶假体变形或破裂，那就不得不换用另一个假体。

有些天赋异禀的医生甚至为此发明了各种小工具，其中一种特别方便，灵感来自糕点师傅挤奶油用的裱花袋。简单说，就是可以像给蛋糕挤奶油一样，把假体从透明医用塑料袋中挤出，精确塞入胸大肌下层。第一次看到那样的工具时，我不免吃惊，又觉得有点儿好笑。目前我还没有用过，希望有机会能在手术台上试试，毕竟我平时也爱做些糕点。

然而，不是每个医生都具有这样的天赋和热忱，所以不能偏听医院或医生单方面的宣传，还是要想方设法多多了解医生的口碑。

给同事或亲朋手术，于我们而言是最大的挑战，只有对手中技术有充分自信的医生，才能安心对身边人施展手术。而如果你想做某种手术，又知道某位医生曾给自己的熟人做过此类手术，那么找这些人好好聊聊，不失为一个明智的做法。

衷心希望整形科的每一个故事，都以喜剧结尾，就像小吴的故事一样。

手术之后，小吴确实每天美得要命，而她竟然真的兑现了诺言，只要有求美者想咨询硅凝胶假体隆胸，她就亲热地牵着对方的手，到治疗室里坦诚相见——对方无不惊骇于小吴的热情与开朗，以至于大家都有些担心，这些求美者会不会因此对我们科室的风格有什么误解。

整形，医患双方的共同修炼

有心的读者可能已经留意到，对于前来问诊的人士，本书有时候叫作"患者"，有时候又会称为"求美者"。

确实，在某些情况下，把来访者，比如患有唇腭裂或上睑下垂等疾病、称得上具有症状的那些人叫作患者是恰当的。而对于另外一些本身没有任何疾病，只是想通过医疗手段，比如祛斑、美白、隆胸为自己的外貌锦上添花的人，出于尊重，叫患者并不合适，于是我们更愿意称之为求美者。当然，也存在模糊地带，有些人既可以叫患者，又可以叫求美者，所以这种区分并不严格。

这是从我们整形医生的认识角度来说的，如果是站在来访者的立场上看，情况又不一样。

同样是走进医院，假如是在一般临床科室，来访者会默认自己是患者，而把治疗的权力委托给医生。在治疗方案的选择和决策上，患者往往只有知情同意权，而没有多少自主选择的机会，毕竟患者很难比临床医生更专业。

而在整形（或曰医美）科室，情况就大相径庭。依据来访者自己的心理定位，情况要分成两种。如果来访者走进整形科是抱着"治病"的目的，那他会把自己当作患者，于是对医生的选择和决策更为依赖，也更愿意配合；如果来访者明确知道自己的目的只是求"美"，那他就往往会有自己的思考与方案，而把医生视为顾问一样的角色。

在我看来，这两种态度各有合理与可取之处，但都不能走向极端，最好能在两者之间达成某种平衡。

在整形科，技术方案的选择权与最终决定权的确应该交给患者或求美者，甚至可以说，很多情况下医生和他们是合作伙伴的关系，而不是传统意义上的医患关系。然而，即便只是狭义的"求美"，对于任何一种方案与治疗，也都需要求美者和医生充分沟通。

所以，对所有想要选择整形手术或医美项目的人来说，要想保证治疗效果，关键中的关键就是选对医院、选对医生，以及自己做好准备。

一

互联网公司的话语体系中，有个"用户画像"的概念。如果我们科室也模仿他们的做法，给自己的用户画个像，总结一下他们的特点，那么蓝薇小姐肯定是绝佳参考。

我刚行医时就认识了她，而我在医生之旅中所有的成长，都有她的陪伴和见证。在很大程度上，正是她教会了我如何从患者或求美者的角度去看待医美,以及如何理解他们并解决真正的问题。

和某些可以称为患者的来访者相比,蓝薇是一个典型的求美者,我是这么觉得的,相信她自己也会这么认为。

她很漂亮,第一次进入诊室时,我第一眼根本无法判断她想要咨询的项目——五官和谐而精致,身材苗条而匀称,皮肤也毫无瑕疵,完全看不出还需要"动"哪里。

初次问诊,她就抛给我一连串问题,都很尖锐,也很坦诚,同时也极具代表性,几乎个个都是初入医美领域的求美者会感到困扰的问题。

于是,也让我大开眼界。

当时我刚行医不久,自己也经常感到困扰。有时候一个陌生患者进来,我可以轻松诊断出问题所在,给出相应的治疗方案时也可以说是成竹在胸,但对于他最终是否会选择我、选择我们科室,我却总是毫无把握。求美者第一次踏入医生的诊室,经常带着各种千奇百怪的问题,而这些问题背后,往往又是他们做了那些费尽九牛二虎之力却常常牛头不对马嘴的功课。

蓝薇的第一问就让我非常尴尬:

"郭医生,你网上案例不多呀,是因为治疗做得少吗?"

那个时候,我如果绝对坦诚,应该直接给出肯定的答复:

对，我就是做得少呀，你看看我才几岁嘛。

可我不敢这么回答，刚入行的我非常珍惜每一个机会，而且这也不符合我们的沟通文化，这样的回答出口，一定会让对方觉得我在闹情绪。

其实，归根结底的问题是：是否应该根据网络案例的多寡来选择医生？

不行，当然不行！

如今修图无比简单，即使是视频，也很容易作假。

我看过蓝薇所谓的"网上案例"，能看出都是同一张图片改来改去。有时候，我们戏称案例中的那些人为"老患者"，以至于去演讲或开会，看到有同行又拿出这样的图片时，都会和身边人相视一笑："哟，老患者。"

这在整形行业太常见了，那些案例图片要么是精挑细选的少数几个效果明显的案例，要么干脆就是精修过的或是从网上下载的图片。行业内在这方面几乎没有任何管理和规范，所以即使是在最正规的会议中，也不乏这种现象，更遑论网络。

那些网上案例一列一大堆的"名医"，你真点进去，就会发现大部分账号下，除了这一两个介绍手术案例的帖子，没有任何其他内容，不必多说，都不过是营销号而已。

当然，也有一部分图片是真实的患者分享出来的。但这样的情况少之又少，而且越来越少，毕竟绝大多数求美者并不希望大张旗鼓地告诉别人自己整过容。这些图片较为真实，但往往案例中的人容貌相对普通，效果不够惊人，似乎不能很好地体现出医生水平。有时候患者自己发出来，还会被机构私信要求删除。

另外，即使所谓"网上案例"的图片是真的，也无法给你提供一个很好的参照，因为人与人的身体形态和结构差别巨大，适合别人的很可能并不适合你。

所以，简单一句话：

作为很多求美者普遍认为有效的办法，靠网上案例找医生其实不靠谱。

如果你非想在网上找点儿有价值的参考案例，或许需要一点儿逆向思维。你去搜索一个医生时，也许会发现一些不成功的案例，一定要把注意力放在这些帖子中。为什么？

由于审美差异，几乎每个整形医生都有那么几个"失败"案例。你点开这些帖子，不要太在意原帖的观点（那可能只属于审美上的分歧），反而要格外关注下面的评论。

如果评论区有较多人在为这个医生正名，你就可以比较放心地去找他面诊；如果一边倒全是指责这个医生的，那他很可能确实不大靠谱；如果评论区无人问津，那也许这个医生实际手术或治疗的案例还不太多。

须知，一个负面的帖子肯定比正面帖子更容易引起关注，也更容易引起围观者的情绪。围观者要么正义感爆棚，踊跃发言，为医生讨回公道；要么触景生情，一起吐槽这个医生。只要多看几个这样的帖子,就可以对一个医生有些最起码的了解。

如果要问,这些批评的或是辩护的,会不会是"水军"呢?那就要看你的辨别能力了。如果辨别不了,就只能记住我刚说的话:

靠网上案例找医生其实不靠谱。

"郭医生,你的头衔为什么不多?"

"网上案例"的问题还在让我头疼,蓝薇的下一个问题又来了。后来我常想,她简直是天使一样的人物,肯定是上天派来帮助我的,毕竟"故天将降大任于是人也,必先……"不过,当时的我还没有这样的觉悟,只是在内心高呼:你就不能饶过一个初出茅庐的年轻医生吗?

头衔?头衔重要吗?

一时义愤之下,我竟然没忍住:"头衔?泛东亚鼻整形协会主席那种?"

蓝薇一副莫名其妙的表情,可这其实是个十足的笑话——至少我的同行肯定听得懂。

早些年,经常有医生挂着这样那样的头衔,其实很多组织只要收一笔钱就能进入——而且是一笔小钱,看来这些"协会"也知道自己网不到大鱼,于是只好广撒网了。有些"协会"甚至可能只有三五个人,除了"会长",就是"秘书长"

或者"主任委员",然后每个人都郑重其事地在简介或者名片中添加这么一条。乍看之下让人惊诧,敬佩之情油然而生,但仔细一瞧,凡此种种,真是贻笑大方。

不得不说,这种情况在私立机构比较普遍,公立医院设有种种限制,且属于非营利机构,故而这类情况相对较少。

所以,又是简单一句话:

作为很多求美者普遍认为有效的办法,看头衔找医生其实不靠谱。

然而,也不得不说,对于不熟悉的事物,看看头衔这样的标签也是快速了解的一种方式。如果非要看标签,建议你去看医生的职称与学历。这是判断一个医生从业时间和学术起点的最直观依据,而且一般无法作假,比头衔什么的靠谱得多。

学历的事情简单,但医生的职称值得解释一下。

大体上,医生的职称从低到高可以分为:住院医师、主治医师、副主任医师和主任医师,之间的每次跃升通常需要三至五年不等。所以一般而言,要成为主任医师,起码要四十岁以上。而职称越高,代表一个医生在自己的领域待的时间越久,当然,这并不一定意味着能力越高。

职称的最大作用是可以让人一眼辨识出医生身份,而私立机构里几乎每个医生都被称为"主任"或者"院长"——真去细究的话,或许也是真的,但那只可能是行政职务,而不是专业职称。如果一个医生看起来不过三十出头,那你可以肯定他头顶上所谓的"主任",一定是机构自封的"某某主任",不可能是"主任医师"的"主任",也就不能代表任何行医上的资质。

要初步辨别医生的资质,学历和职称才是粗略但还算靠谱的依据。

"郭医生,还有,为什么你的宣传不多?"蓝薇小姐的灵魂第三问来了。

"我们是公立医院,不允许宣传任何医疗手段或药品,也不能包装医生。"我皱眉,"再说,对我们来说也没必要,现在大家还忙不过来呢。"

不过有趣的是,现在连私立机构也不怎么包装医生了,但原因和公立医院不同。私立机构内医生流动性太强,如果在某个医生身上花费巨大力气宣传,医生"火了"之后如果卷铺盖换地方,那这家机构之前的投资就全都打了水漂。所以现在私立机构也只宣传机构品牌,不再大力地包装医生。

如果真能见到哪家机构在大张旗鼓地宣传个别医生,那很可能是家新机构,还处于需要靠医生的名气为自己背书的阶段。这样的机构你放心去吗?

所以,还是简单一句话:

作为很多求美者普遍认为有效的办法,看宣传找医生其实不靠谱。

实际上，要找真正靠谱的医生很简单，找身边做过你想做的那种项目的朋友问问就可以了。对于自己打过交道的医生，他们一定会有自己的看法，这样的推荐才是真正的口碑。多问几个人，这种推荐就很可能会出现重合。依照大家推荐的概率去找特定的医生，大体上不会出太大问题。

二

经受住蓝薇的灵魂三问之后，我们的聊天变得轻松起来。既然谈到了选择，她又这么直率，我干脆问她："那你为什么会选择我们科？"

"因为你们是三甲医院啊。"

否定了蓝薇这么多关于找医生的想法，没想到她找医院的原则还是靠谱的。

在我国的医疗体系里，对于医院，无论公立与私立，综合实力从弱到强分三个等级：一级、二级与三级。每个等级又按评分分为甲、乙、丙三等，甲等最高，丙等最低。

就整形科来说，有个特例，那就是私立机构。他们往往达不到医院评判等级，但也不能因此就认为他们全都不可靠。而如今，这些机构的取名又比较随意，那我们该如何快速判断一家私立机构的规模或者大小呢？

私立机构的名字后面都会跟着"诊所""门诊部"或"医院"这样的词，如果是"医院"，其规模与综合实力通常大于

"门诊部",而"门诊部"又大于"诊所"。

还有一点必须了解,严格意义上,只有"医院"及少数"门诊部"才有资格开展全身麻醉手术。如果你去一家门诊部,咨询师推荐你做全身麻醉手术,那你一定要谨慎。这在政策上可能是允许的,但其风险远大于在医院做全身麻醉手术,因为大部分门诊部无法提供医院那样的一整套安全保障。虽然小部分门诊部具有全身麻醉资质,但人员配备和整套急救措施也会比医院欠缺很多。而如果是诊所要你做全身麻醉手术,那么你直接放弃可能是最好的选择。

这些都是最宏观、最粗浅的了解,不仅适用于整形医美科室,也适用于任何临床科室。

一般就医时,选择好医院比选择好医生重要得多。这不仅是因为绝大多数好医生聚集在重点医院,更是因为三甲综合医院科室齐全,可以为患者的生命安全提供最大限度的保障。

然而对于整形或医美,选择好医生的重要性可能要大于选择好医院。整形相关的治疗和手术往往不需要太高端的设备,也相对不容易危及生命,所以找到一个经验丰富、能力超群的医生,可能要比选择一家好医院更为重要。

简单说,结论就是,对于整形或医美,在选择治疗或手术前,我们需要做的主要是选择一名"好"医生,至于他在哪家医院,那里有多少大型设备,其实相对来说不像其他治疗那么重要。

第二章　求美是一种修炼

蓝薇来找我的那个时候，挂我号的人相对于挂其他医生号的人而言还较少。出于好奇，我问她为什么会选我这样的新人，特别是在明知我没有网上案例、没有头衔、没有宣传的情况下。

她淡然一笑："我觉得年轻人审美会更好一些，而且你的照片看起来很舒服。"她说的照片是指预约网站上的工作照。

这也太轻率了，妥妥的外貌协会嘛。

不过，这只是我当时的想法，随着资历渐丰，我才知道原来这正是大多数求美者选择医生的主要依据——看眼缘。

也许会让你吃惊，关于选择医生，我现在推荐的第一条方法也是看眼缘，或者更进一步说，看咨询时和医生聊得是否投机。

我所说的看眼缘，并不是"一眼见缘"，过程反而有些复杂。首先，你需要找到身边做过相同项目的朋友，再在他们的推荐下列出一个医生名单，然后逐一咨询。多番咨询之后，最终才能用上最重要的依据——看眼缘。

医美的过程需要患者和医生的长期合作，不仅在术前咨询、制订方案及手术中需要互相配合，在后期的术后护理、生活指导中，更是需要频繁沟通。于是，选择一个能聊得来的医生变得十分重要。不仅对于患者如此，对于我们医生也是如此。我们通常也会选择更有眼缘的患者，这有助于激发医生的热情——整形手术虽然属于医学范畴，但高度依赖审美和临时发挥，甚至有点儿像绘画或者雕塑那样的艺术创作，和其他科室多半只能循规蹈矩的手术截然不同。

此外，医患双方性情投合，也可以极大地提高术后的满意度。彼此关系融洽，起码可以保证术前能坦诚和深入地沟通，并就审美达成一致，确保术后不会因为审美上的分歧造成"手术失败"。

于是，通过和蓝薇的交流，关于如何选择医生，我总结的**第一个原则——求美者要选择能愉快沟通的医生**。沟通不畅的医生可以直接放弃，即使最后证明这名医生的技术很好。

在找到我之前，蓝薇经历了许多次咨询，去过公立医院，也去过许多私立机构。她的一个明显感觉是，在公立医院，求美者面对的都是医生本人，而在私立机构，面对的多半是一个被称为"咨询师"或"形象设计师"的家伙，无论这些人的名字是冠以"总监"还是"首席"的头衔，她对这类人的感受都只有三个字——不靠谱。所以，最终她果断放弃了这些私立机构。

为什么她会有这样的感觉？

其实很简单，咨询师也好，形象设计师也罢，这些咨询人员说到底只是营销人员。通常，他们不仅不是要给你做手术的医生，甚至根本没有任何医疗背景。这些人所受的培训，往往都是如何把项目推销给求美者、如何成交，甚至直接就是如何给求美者"洗脑"。在咨询过程中，求美者往往可以获得巨大的心理安慰，于是一边享受着有人理解、有人支持的幸福感，一边憧憬着他们描绘的美好未来，直到——

直到进入手术室的那一天，你可能才发现，要给你做手术的医生根本就不是你熟悉的那个人。而眼前这位可能才与你见第一次面的医生，很可能对你的诉求、期望，甚至对咨询人员跟你承诺的效果一无所知。而经过短短几分钟交流之后，他就要开始为你手术。

这样的流程，无论对于求美者，还是主治医生来说，都要承担巨大风险。

无论咨询人员把一个项目吹得多么天花乱坠，你都要记住，他并不为你负责，你一定要把时间和精力花在和医生的直接沟通上。对于前期咨询的意见，我并不是让你完全不听，有时一个经验丰富的咨询人员也可以提出中肯之言。然而要谨慎，任何时候如果你觉得对方在操纵你的心理，一定要果断放弃，即使已经交了定金，也可以放弃。

蓝薇第一次走进私立机构，就碰到了这样的咨询，她交了定金，然而晚上回到家，越想越不对，感觉自己被人操纵，于是第二天她果断退了定金。

"那个人把我全盘否定，让我觉得自己的脸简直已经无可救药，然后她又提出了好几个方案，那一瞬间我像是抓到了救命稻草，当即下了订单。"她本来是想做一做下巴，结果咨询完,手术计划变成了眼综合加鼻综合,以及玻尿酸填充整个面部。"我也不知道自己那时候为什么就心动了,要不是那天来不及安排,也许当时就进手术室躺下了。"

于是我们有了选择医生的**第二个原则——要把所有时间放在和主刀医生的沟通上,不要在其他人身上浪费精力**。如果进入手术室前你都没见过自己的医生,那就应该果断放弃。

我和蓝薇前前后后聊了许多次,后来她说,那天她真正下决心选择我,不是因为别的,而是我在做设计时一直让她站着。

身为艺术生的她,无比重视设计的专业程度,而一个认真负责的整形医生,设计时通常需要求美者站着配合。

为何?

大部分人在面对他人,或者自己照镜子时,都是处于直立状态(或坐或站)的。躺着设计不是不可以,然而整个人体的生理结构会因为体位的变化而改变。平躺后,原本松弛的双眼皮可能不再松弛,原本松弛的腹壁或者面部皮肤也可能完全改变状态。

面对初次面诊的求美者,我们整形医生会非常重视其直立状态下的体态和外貌,也只有在求美者直立的状态下,我们才可以设计出符合个体生理结构的方案和手术过程。

所以,选择医生的**第三个原则——要看主刀医生在各种工**

作流程上是否专业、是否细致。如果进行设计时没有让你保持直立状态，那就一定谨慎考虑。

这三个原则是最容易忽视，却都非常重要的原则。在决定选择某个医生之前，能够了解这些，通常意味着你可以成功避过许多不必要踩的坑。

三

如果通过以上三个原则你确定了一个或几个医生，接下来你们就会进入正式沟通阶段。到这个阶段，按说你对医生已经基本心中有数了，但仍然不能掉以轻心，在正式沟通中，还要认真观察以下几个方面，这些方面展现的是一个医生的整体素质和能力。他是经验相对比较丰富的，还是仅仅局限于某一种特定手术，求美者都可以观察得出来。

说到观察，没什么不好意思的，不要忘记，在你观察医生的同时，对方也在观察你。说到底，求美者和整形医生的选择是双向的。

第一，医生对你的容貌评价应该是整体的，而非片面的。

比如你要隆鼻，一个成熟的医生不会仅仅关注鼻子本身，而是会站在更宏观的角度上综合考虑。一个美的鼻子不一定非得要高，更重要的是五官之间必须协调。初入行的医生可能只会考虑鼻子本身的高矮或者具体的手术技术，而一个成熟的医生在考虑鼻子的外形和线条时，不仅会考虑五官构造，更会考虑你个人的审美风格。如果你是小鸟依人的性格，五官就需要柔和、温婉，不能有突出的棱角或骨头造成的凹凸，你的脸不能太大，鼻子更不能过高，一个小而精致的鼻子也许就是最适合的。相反，如果你的风格偏向于"大女主"、大家闺秀或者你有欧美脸型，就绝不能随便削颧骨或者下颌角，鼻子也可以适当高挺一些，鼻背则可以做得窄而锋利。

很难想象一个高挺的鼻子放在一个绝对东方脸型的女孩身上，或者小而微翘的鼻子放在欧美脸型女孩身上会有多违和。而刚刚入行的医生往往无法统筹考虑多个方面，所以，一个医生能否根据你的整体轮廓来设计局部，这是你在沟通中要非常注意的。

第二，对于你的要求，医生要敢于否定，而非一味迁就。

蓝薇刚来时，我几乎不敢拒绝，一是当时手术量本身少，再拒绝怕自己就完全没有机会了；二是内心深处没有强烈的个人主张，担心得罪求美者。

然而随着日趋成熟，我开始懂得拒绝。甚至越到后来，我越习惯于拒绝求美者——倒不是非要和他们一争高下，而是发自内心地为他们好，因为我坚持的那些想法肯定是对的。很多时候，求美者并不是真的知道自己想要什么，他们会有一些不切实际的希望，这时候一个成熟的医生往往会直接拒绝，这不仅是保护求美者，更是保护医生自己。

所以，如果在交谈时，你提出的一些方案被医生很严肃地回绝，那虽然可能让你有些难堪，但起码证明这个医生并不唯利是图，而且他不缺手术机会，这样的医生往往更加靠谱。

第三，医生应该有很多患者，包括求美者，而非整天就围着你一个人转。

这个不用多说，在行业内那么多年，我深知，随着资历增长，一个技术成熟的医生通常更容易赢得名声。而在这个有些赢者通吃的行业中，稍微比别的医生成熟些，往往就意味着会有更多的患者来咨询。

如果一个医生一上午或者一整天就只有你这么一个患者，那你就需要谨慎；如果医生面诊完马上可以安排你手术，那你最好先回家考虑一个晚上再做决定。

我认识的几个非常专业的整形医生，包括现在的我，患者几乎都预约到了几个月之后。我们从来不会为多一个患者而欣喜。只有当护士说，今天某个患者因为某某原因不得不取消预约，我们才会长舒一口气——终于可以获得片刻的休息。

第四，医生不应该吹嘘手术效果，而应该让你谨慎选择。

一个医生的成熟之路，必然会经历各种难缠的患者。可以说，一个人当整形医生久了，会变得无比谨慎，因为他早已经历过不止一个患者的纠缠，他知道自己的能力所在，也知道技术的局限所在，更了解手术可能带来的收益和创伤。

当一个医生大肆吹嘘自己手术如何成功、如何零失误时，要么他在存心欺骗，要么他尚且未经世事。一个资历深厚的医生，一定会详细告知手术风险，并且对求美者进行一些简单的心理评估，确认审美倾向，只有确信双方都已做好充分准备，才会实施手术。

经过以上四个方面的观察，你对一个医生的考察就比较深入了。往往到这时候，你也会更加确信，自己的眼缘在谁身上了。那么，应该把自己的身体交给哪位医生，选择起来就不会有什么困难了。

四

早年刚开始做整形时，我一直苦恼自己不像医生。因为通常来说，求美者找到我时都明确知道自己想做什么，刚开始我都依照他们的意愿一一为其手术，然而慢慢地，我发现这样做存在很大的问题。

求美者又不是专业人士，怎么能确定自己需要做什么手术呢？

鼻梁很低，所以隆鼻后一定更美？眼皮浮肿，所以做个双眼皮后眼睛一定有神？皮肤松弛就拉皮，眼袋太大就切切切？

这种操作简单明了，简直称得上粗暴，求美者往往也会心满意足地离去，然而有时候在我看来，效果却不尽如人意。为什么我对蓝薇印象深刻？很大一部分原因，是她在这一点上大大启发了我。

蓝薇第一次来找我，到底想整哪里？

在问了我几个直率的问题后,她终于进入正题:"我老公觉得我颧骨太高,不大好。"

"是不好看,还是不好?"

"不好。"

"'克夫'那种不好?"

蓝薇略一皱眉,轻轻点头。

我忘了当时跟她具体说了啥,但有个信息点很明确。那时我刚从韩国归来不久,我的教授门下有个大师兄,独自成立了一个门诊部,获得了韩国为数不多的JCI认证①,而他本人在颅面整形方面可以说是韩国数一数二的人物。我很认真地同蓝薇聊了聊,并且把师兄介绍给她。她非常兴奋,不久之后就买了一张机票飞往韩国,寻觅我师兄去也。

一个月后,她回来了。

当她再次踏进我诊室时,我以为她会换一副面容,结果令我震惊,她脸上没有任何手术痕迹。

"你没去韩国吗?不是告诉我要去?"

"去是去了,又回来了。"

"手术没做?聊得不投机?是不是我师兄的中文翻译不给力?他自己也学过一些中文,就是不太流利……"我满脑子都想着她为什么没做手术。

---

①Joint Commission International,国际医疗卫生机构认证联合委员会认证,代表国际公认的最高医疗服务标准。

"不不不,我们聊得相当愉快,你师兄不给我做,叫我回来,并且让我千万别做。"

"为……为啥?"这会儿我更摸不着头脑了。

"你师兄叫我给他看理想脸型的照片,我到网上找了,然后他让我对着照片说出自己和照片的十个差异。"

"十个?这……我们一般不会这样。"

"我哪知道差异呀,只好随便说了说,你师兄就有点儿犹豫。"

"哦,然后呢?"

"他让我说说为什么想做手术,我就说老公觉得不好。"

"这,你也真是实在。"

"对呀,你师兄一听居然挺生气。就要我回来考虑。我机票都买好往返了,怎么可能直接就回来呀。我一再坚持,非要让他做手术,结果你师兄断然拒绝。倒是他的助理比较好心,用相机非常认真地帮我拍了几张照片,导入电脑,不知用什么软件,就把我颧骨稍稍修低了,正面、侧面效果都有,其他地方没动,就是颧骨再也不突出了。"

"这个技术是有,只是我们不常用。"

"你师兄让我回去盯着照片看,三天后再确认要不要手术……"蓝薇说着皱起了眉,"他还说,如果到时候我的理由还是让老公开心,那他是不会做这个手术的。"

"这样啊……不好意思,你是不是挺生气的?"

第二章 求美是一种修炼

"生气？"蓝薇一脸诧异，"我感激还来不及！"

她舔舔嘴唇，语速加快了不少："我当时没有别的办法，只好回宾馆看照片，天天什么都不干，就是对着照片看。先看自己原来的，再看修过的。你知道吗？我越看越喜欢现在的自己，修过的我固然面部线条更流畅，然而，完全没有自己的风格，完全没有！我几乎都认不出来，那绝对不是我想要的！"

她越说越激动，用手捶了下大腿："我这才知道其实自己根本不需要整这个！"

"三天后我去找你师兄，和他说我不想做了，他居然非常满意。"蓝薇认真直视着我双眼，"要不是你师兄，要不是遇到你，我肯定已经做了这个手术……"

忽然，她抬头望向我诊室的窗口："到那时，我不知会多后悔，而且，一切再也无法改变……"

她沉默下来。

那一幕我至今记忆犹新。

这完全超出了我以前的经验。一个医生，拒绝了求美者的手术要求，还让她去找什么不同？一个医生，可以先通过修图让求美者对比、了解术后效果，然后再做抉择？一个医生，可以因为求美者的出发点有问题，就拒绝手术？

这些都是我经验之外的东西，之前我经历的所有培训，重点都放在如何手术、如何提高技术上，而对求美者心理的评估和干预，没有任何指导，甚至从未提及。而这，我想应该是国内整形医美行业的通病。

就像前面说的，相对于普通外科手术，整形更像是医患双方的一场合作，或者说，是一种需要医生和求美者共同完成的修炼。

那么，如果已经坚定地选择了一位医生，在手术之前，作为求美者的你，真正要做的功课是什么呢？

第一，找差异。

就像蓝薇经历的那样，你要找到自己想要的效果，并且对比自己现有的面容。连差异的数量都不能少，必须找到至少十处，这个手术才值得做。

例如，你本来想做双眼皮，那就找一张你想要的双眼皮形态的照片。必须强调的是，一定要全脸照。然后你拿出自己的照片，逐一对比全脸各处，看看除了双眼皮之外，这张照片到底有哪些部分与自己不同，而你以为的单双眼皮差异，是否是你与这张照片的根本差异。弄清楚这一点，才能确认自己是否需要做这个手术，以及这个手术能否给你带来理想的效果。

第二，定手术。

确定手术值得做之后，你还得知道自己想要什么手术方案。是单一手术，还是多个手术联合，以及自己的医生能否达到这个要求。

有些机构可以通过电脑大致呈现你术后的容貌，但是大多数国内机构不会这么做——有些是没有这个技术，还有一些是怕手术没有达到电脑呈现的效果而引起纠纷。这时候就需要你对自己的脸和理想照片建立非常深刻的认知，并和医生确认，通过手术或激光治疗能否达到这个效果。如果医生一口答应，那你基本可以否定他。一个负责任的医生，不是你想做什么就满口答应的，他甚至会因为你的初心问题，直接拒绝手术。

当医患双方对手术方案有了共识，成熟的医生一般会给你推荐几种不同的手术方式，这也需要你进一步和医生确认。

这两个功课做好，到了手术之中和之后，反而不必多想，只要静待时间流逝就好。

通常而言，术后一段时间你会非常悲惨。因为整形手术或激光治疗不可避免地会造成某种程度的损伤，这意味着术后肿胀、疼痛，甚至可能是面目全非，这些将给你带来巨大的压力。然而，只要准备功课做得足，那么一段时间之后，就会有惊喜出现。

遗憾而可怕的是，很多时候求美者无法接受整形后的自己，这要么是准备工作没有做好，要么是求美者的心态问题。而这种心态的调整，几乎只能靠自己，医生能做的事情非常有限。我虽然有心理咨询师证书，但对那些无法接受自己术后容貌的求美者，经常也是爱莫能助。

整形手术通常无法复原，一旦施行手术，想要变回原来的样子就极度困难，这是所有想做手术的求美者不得不考虑的问题。

所以我还是要强调找差异、定手术这两步准备工作的重要性。请所有想要手术的你们,一定要在自己心中构建出术后的容貌,考虑周全,下定决心,才能进入手术室。

蓝薇在去年——我认识她大约九年之后,同丈夫离了婚,自己带着一男一女两个孩子努力生活。

我知道,那次韩国之行后,她内心产生了很大触动,但我不知道,这在多大程度上影响了她的生活。无论如何,蓝薇和她的经历,极大地影响了我,或许也能通过我影响更多求美者。

附录：整形机构的等级

在整形外科领域，医院、门诊部和诊所之间存在显著差异，这些差异不仅仅体现在规模和服务范围上，还涉及手术的种类、麻醉方式，以及法律规定的资质要求。以下简略罗列这三者的区别，重点关注施行全身麻醉手术的资质。

一、整形外科医院

整形外科医院通常是规模较大、设施较为齐全的医疗机构，能够提供多种类型的整形手术和治疗服务。通常具备相对完善的医疗设备和资源，能够应对相对复杂的手术、处理各种术后并发症。拥有住院病房，一般具备较强的急救和术后护理能力。

手术范围：从简单的小手术到复杂的大型手术，包括面部、胸部、四肢等全身部位的整形手术都可以执行。

麻醉方式：具备实施全身麻醉手术的资质。因为医院配有专门的麻醉医师和相应的手术室，拥有抢救设施，能够保障患者在全身麻醉状态下的安全。

医疗团队：通常拥有完善的医护团队，包括外科医生、麻醉医师、护士等，能够处理手术前、中、后的全程护理与管理。

二、整形外科门诊部

整形外科门诊部比整形外科医院规模小一些,通常不具备住院病房,但可以进行门诊手术。门诊部一般专注于一些中小型整形美容手术,比如注射类治疗、激光美容、简单的局部手术(如做双眼皮、隆鼻等)。

手术范围:通常局限于较为简单的局部手术,涉及面部、局部塑形等,不适合开展涉及大面积组织的手术。在具备合格条件和专业人员(有全身麻醉操作资格的专业麻醉医师)的情况下,可执行全身麻醉手术。

麻醉方式:具备一定条件时,可拥有全身麻醉手术的资质,否则只能进行局部麻醉或无痛麻醉等较为轻量的麻醉方式。大部分门诊部不具备专门的麻醉医师和急救设备,这限制了其手术规模和麻醉深度。

医疗团队:门诊部通常配有外科医生和护士,但缺乏大规模手术所需的全套医护人员。

三、整形诊所

整形诊所规模最小,通常由一个或几个医生构成的团队运营,提供的整形服务多为非侵入性或微创类治疗,比如注射类填充、激光美容、皮肤管理等。一般没有手术室,也不具备复杂手术和紧急抢救的条件。

手术范围：主要限于非手术类或非常小型的整形手术，诸如皮肤管理、注射填充等微创美容项目。

麻醉方式：不具备全身麻醉资质，只能使用局部麻醉，且手术范围局限于风险较低的简单美容项目。没有条件处理复杂手术，也不具备应对突发状况的急救设施。

医疗团队：通常由少量医生和护士组成，可执行操作简单的整形美容项目，但缺乏大手术的支持人员和设备。

第三章

我知道
有人还不知道

不上医院也能变美

作为一个整形医生,每天接触形形色色的求美者,无论职业与性别,我通常都大致把他们分为两种类型:

一种是明确知道自己想要改变什么的人。他们一进诊室,张口就是"医生我想做双眼皮""医生我想隆鼻""医生我想隆胸"……目光坚定,语气沉稳,如同久经战阵的老将,显然是有备而来。有时候,我会觉得自己只是他们实现目标的小小工具,无足轻重,甚至可有可无。与这样的求美者沟通时,不必耗费太长的时间,从"生意"的角度说,很容易做。然而,他们最大的问题,往往是对美抱有很大的误解,那些他们极力想要施行的项目,很多时候在我看来是不需要的。

还有一种人,一进诊室你就可以感受到他们的局促与茫然,几乎一眼可辨,是医美新人。他们对医美几乎毫无了解。你说起一个项目,他们茫然摇头,然后你解释一番,再说一个,他们也一无所知,甚至有很多人连强脉冲激光(光子嫩肤)这类治疗都闻所未闻,就走进了整形科。对于这样的咨询者,需要付出大量时间去解释,我的习惯是让他们先对自身、对医美有个基本认识,然后回家,考虑清楚再来面诊。他们最常说的一句话就是——医生,我想变美,你看能有什么办法呢?

对于这两类患者,作为一个整形医生,我都有一个最想问的问题——美到底是什么?

美是医美教科书里的人体结构、美学模型?是年轻的身体、充沛的活力?是精神的丰富、体态的优雅,还是内心的高尚、举止的得体?

我们要谈论美,首先得知道美是什么吧。

可是,如今这个时代,定义一个词变得无比复杂,尤其是涉及人的时候。须知参差多态,乃是幸福的本源——诚如大哲罗素所言,每个人对美都可以有自己的定义,然而如果完全如此,没有关于美的定义,为何大众又会这样焦虑?

在物资匮乏的年代,人们以微胖为美,而如今资源丰裕,人们又都以瘦为美。北美白种人,以小麦肤色为美,而在东亚,如今主流仍是以白为美。我国古人,缠胸裹脚,以胸大为耻,以小足为美。而现今,即使在我国,隆胸手术也在整形科手术中占有巨大份额。

美,到底是随着时代变化而不断变化的价值定义,还是放之古今中外而皆准的绝对标准?

读到本节的读者,对医美应该已经有了一些基本认识,但如果你尚不曾走进任何一家医美机构,无论公立私立,无论规模大小，或许在内心深处还是会有些畏惧。

这其实是好事。我经常和求美者说，恐惧是人类本能的保护机制，是对冲动之下做出伤害自己举动的一种预防。如果你一直都不能克服这种畏惧感，也没关系，大不了一辈子不进医美机构就是。

然而或许有人会问，在不借助医美的情况下，有没有办法悄无声息地变得更美呢？

当然有，本节我就来谈谈人体之美的各个方面，并尝试给出一些具体的建议。

一

每天坐在诊室，求美者的焦虑都扑面而来，然而这中间，90%以上的咨询都是关于面部的，这让我深感忧虑。

我国古人的文章说到美，很多时候并不会直白地描述五官或者容貌，而是通过一个倩影、一个回眸，让读者感受到美。比如，曹植在《洛神赋》中写道："翩若惊鸿，婉若游龙。"这八个字和五官、容貌毫无关系，但哪个人读了不会心生向往呢？

虽然听起来可能有点儿浅薄，但我们不得不承认：美，其实在很大程度上，是对异性的高吸引力水平。

心理学家做过一些测试，让男女分别观看多人站在一起的照片，对异性的吸引力打分。实验结果在各个国家或民族中有惊人的相似性，女生身上最具吸引力的指标居然是腰臀比，也就是腰围和臀围的比值。

这些测试中，最具代表性的是印度裔美国心理学家德文德拉·辛格（Devendra Singh）在1993年的研究，正是他率先阐明了腰臀比在女性吸引力中的重要性。后期不同地方的科学家重复他的实验，结果表明，不同文化和种族的男性普遍认为腰臀比在0.67～0.72之间的女性最具吸引力。这种偏好被认为与进化心理学有关，腰臀比通常与健康状况、患病风险和繁殖能力存在关联，"最具吸引力"的比值反映了男性对潜在伴侣生育能力的无意识选择。

另外，在男性吸引力因素中，身高是关键指标。多项实验表明，178～185厘米的男性最具吸引力。这一数值范围在世界各国也表现出相似性，在西方国家的研究中尤为明显。而在中国等亚洲国家，身高约为183厘米的男性评分较高，这比我国男性的平均身高高出了10厘米以上。

当然，这只是在根据照片打分、不做进一步接触的情况下，如果双方进一步接触，那么肯定还有其他重要指标。然而，人归根结底也是一种动物。再理性、再文明的人，在与他人接触的电光石火之间，也会受到动物本能的巨大影响。上述实验告诉我们，男生第一眼，看重的是对方的腰臀比，而女生第一眼，看重的是对方的身高，至于发型、肤色，甚至容貌，统统要往后排。所谓美，通常就是在这种电光石火之间感受到的东西，所以上述实验的结论仍然非常重要。

概括起来，体态——无论男女，可能是影响你美或不美的最重要因素。

所以，通过规律作息、适当健身，保持一个良好的身材，对求美者来说就变得十分重要。请一定记住，仅仅是身材的改善，就可以大大提高你的吸引力。

女性的首要目标，当然是改善腰臀比。然而对男性来说，很可悲的一点是，在青春期发育过后，很难改变自己的身高。好在关于男性吸引力的研究还表明，腰臀比和体脂率对男性身体吸引力也具有显著影响。结论是，男性腰臀比在0.9左右被认为最具吸引力。这意味着腰围应该是臀围的90%，这样的身体整体比例显得协调、健康，被视为拥有力量和适应性。一些研究表明，腰臀比低于0.9的男性，被认为身材偏瘦，而高于1.0的男性，则可能因为腹部显得突出，比较不受欢迎。

体脂率方面，10%～15%是男性最具吸引力的范围。在此范围内，男性肌肉线条明显，身体轮廓清晰，表现出较强的体能和健康状况，既不显得过于瘦弱，也不会有明显的脂肪堆积感。18%～24%则是女性最具吸引力的范围，体脂率处于这一范围之内的女性，通常拥有健康、适中的体重，并且仍然保有一定的曲线感。

于是，很简单的一条建议来了。

建议一：如果可能，请规律健身，女生让体脂率保持在

24%之内；男生甚至可以再低一些，目标是15%～18%——**男性体脂率长期保持在15%以下非常困难，而且并没有必要。**

所需工具：智能电子秤一台。

总有许多求美者找到我们，希望做各种激光或者注射治疗，我经常婉言劝退，他们最需要的可能只是改善睡眠和饮食结构，并适度健身。

不知是因为医美机构的过度营销，还是这个世界上有太多焦虑在被贩卖，以至于很多人认为，过了二十五岁，甚至才过二十岁，如果不进行一些医美或保养项目，就会开始初老。他们往往完全忽视了日常生活对健康的影响。有时我会莫名地气恼，甚至觉得很多来咨询的求美者仅仅是因为自己的焦虑需要一个出口。我经常脱口而出：你睡眠如何？你平时运动吗？你吃得好吗？这些都是再日常不过的问题，可很多时候，只要把这些做好，很多看起来需要医美介入的容貌焦虑，完全可以在平时的生活中解决。

当然，知易行难，掌握健康知识的人很多，真正能付诸行动、坚持健身的很少，能长期坚持并科学锻炼的更是少之又少。最终能不能行动起来，就要看你对变美的渴望、对医美的顾虑有多强烈了。

另外请相信我，一台可以显示体脂率的智能电子秤，就可以大大提升你坚持下去的概率——只不过，不要问我是怎么知道的。

二

刚刚提到,曹植仅仅用八个字就写出了洛神那引人遐想的美好体态,但也必须承认,他也是很了解五官之美的,以下描写同样出自《洛神赋》:"云髻峨峨,修眉联娟。丹唇外朗,皓齿内鲜。明眸善睐,靥辅承权……"

说起来,人类的面部真是神奇的所在,单看任何一处,彼此之间差别似乎不大,但各部分组合在一起后,又千人千面,各有各的魅力,各有各的不足,以至于竟然可以出现人脸识别这样的技术。

不同人的五官之美虽各有特点,却也可以寻得一些大体的规律,最典型,也最符合我国传统审美的,是所谓的"三庭五眼"。这其实是中国古代总结出来的一个面部轮廓模型。

"庭"指的是鼻子的整体长度,即从鼻根到鼻尖的距离,被视作人脸纵向的长度单位。而"眼"是人横向的长度单位,指单只眼睛的宽度。简单说,"三庭"是指人脸的长度要符合三等分的比例,从前额发际线到眉骨、从眉骨到鼻底、从鼻底到下颏,最好各占"一庭"。"五眼"指人脸的宽度要符合五等分的比例,除了左右双眼,左眼外侧、右眼外侧和双眼之间各占"一眼"。

这种传统的审美观认为,符合"三庭五眼"的脸型才是最理想的,会给人一种五官很精致的感觉。但必须说,这其实有些武断，生活中有些人长得并不符合这个标准，却同样可以让人感受到美。

然而，对于绝大多数人，尽量往这个标准模型靠拢——哪怕不通过手术——确实可以为自己的颜值加分。

建议二：尝试改变发型，优化面部比例。

所需工具：手艺高超而又与你性情投合的发型师一个。

对于面部的纵向特征，除了要符合"三庭"这个三等分标准，还要尽量达到"上大下小"的效果，也就是额部饱满宽阔、下巴分明秀气，这样才能显得年轻。我们整形医生最常碰到的问题有三类：额部不够饱满、中庭过长、下颏后缩。

下颏后缩的问题对容貌是个硬伤，而且在亚洲人中普遍存在，我更建议通过手术解决。前面的文章中也谈到过这样的案例，后文讲到面部配饰时还会稍稍涉及。

中庭过长和额部不饱满可以归为一类，一并处理，最简单的方法就是改变发型。

感觉自己额部不饱满的女生，可以在发型上增加一些"空气刘海儿"的效果，造成视觉上的额部饱满感。虽然不持久，但临时应付一些场合绰绰有余。对于男生，齐刘海儿加上一些轻微的烫发，也可以达到同样的效果。当额部饱满起来，中庭过长的问题就会减轻，给人的直观感受就是变年轻了。

建议三：如果可以，请保持微笑。

所需工具：镜子一面、眉笔一支、微笑贴纸一张。

对于中庭过长的问题，还有一个成本更低的方法，那就是微笑。

人们常说，爱笑的女生运气不会太差，而我喜欢说的是：爱笑的女生容貌不会太差。这听起来像是一句"鸡汤"，但整形医生的确会通过一些手法，让求美者多保留一些微笑的感觉，比如在降口角肌处打一点肉毒毒素。这也许不能带来好运，但在减龄方面效果显著。

既然可以忍受着疼痛去"购买微笑"，为什么不自己扬起嘴角呢？

在很多人的印象中，典型的年轻女孩形象总是和眉眼弯弯、笑意灿烂的容颜联系在一起。而眉毛稍带弧度，眉尖微微下垂，再加上上扬的口角，的确可以明显缩短中庭的视觉比例。这是不通过手术而让面部年轻化的最简单方法。

我们勾勒眼部线条时，可以适当把眉峰画得弯一些，就如同人在喜悦时那种眉部形状一般。如果你不知道那到底是什么样，为什么不对着镜子微笑一下呢？

我有时会建议求美者把手机壳换成镜面的，然后贴上一个笑脸，时时提醒自己保持微笑。这看起来有点儿傻，然而很多人如此尝试后，不仅会跑来告诉我被人夸看上去状态好很多，就连幸福感也明显增加。

通过表情行为影响心情，这方面不乏研究文献，二者的相关性虽然还没有定论，但大概率是，愉悦的表情可以改变心境，有时假戏真做，也就变得开心，显得年轻了。

关于"三庭"，我们能做的就是这些，下面说说和"五眼"有关的建议。

很多人嫌弃自己脸大，一上来就叽叽喳喳："医生我要抽脂，而且要全脸抽脂。"然而，很明确的一点是，没有任何一个项目叫"全脸抽脂"，如果说有，那就是在骗你。

假若真的属于颅面骨过于肥大的情况，正常的手段是截骨，这在韩国比较普遍，然而在国内算四级手术，属于整形科最大的手术，其创伤和风险相当大，许多医生和求美者都望而却步。

有没有什么不动刀的方法？

真有，还是发型。

建议四：如果感觉自己脸大，可以尝试扎马尾辫或者留长发。

所需工具：理想发型师一位，或橡皮筋一根。

说来说去老说发型，搞得我好像是个发型师。然而说实话，发型的神奇作用再怎么强调也不过分，因为总体来说，如今这还是容易被求美者忽视的重要手段。

黑长直，或者略微带卷的长发，可以有效减少面部的占比，即使你不用发丝遮盖面部，只是让头发垂在脑后，也可以有效减少面部的视觉占比。可以说，长发，或者蓬松的短发，在减小面部视觉占比方面，甚至能达到手术不可匹敌的效果。

如果你觉得这还是麻烦，有一个更简单的办法，扎马尾。

试问，操场上女孩脑后那随着身体轻盈起伏的马尾辫，是不是很多男生情窦初开时无限憧憬的画面？从美学上说，马尾辫可以在很大程度上延伸视觉深度，从而缩小脸部的冲击。换句话说，扎马尾辫的女孩会比留短发的女孩看起来脸更小，即使她们的面部实际上大小相当。

三

身高和容貌在相当程度上是天然之美，后天的努力只是补救，比如适当保养皮肤，用手术或者注射手段调整五官比例，借助增高鞋垫或者用衣着改善身高给人的主观感受。而气质之美多半靠的是后天环境和自身素养，主要在于后天的培养和个人的努力，比如通过适当运动改善身材比例，通过读书、写作或者旅游，拓宽眼界和思想格局。这些日复一日的积累，会潜移默化地改变一个人的言行和心态，体现在外就是整个人更自信、更阳光，"精气神"更饱满，眼神也更加明亮而灵动。其实这些我们在每日生活中都能感受到。

如今，我们手机中无时无刻不被美女帅哥占据，其中很大一部分被称为"颜值网红"。这个标签化的说法蕴含复杂的情绪指向，甚至略带贬义，我想其中有部分原因就在于他们虽然看起来都很帅气漂亮，但毫无辨识度，简直千人一面，完全没有个性，更谈不上气质。

气质？当我们谈论气质时，究竟在谈论什么？

我举一个比较日常的例子。两个女孩小舒和小曼，容貌都很出众，而且有一个共同特点，脸颊上有些深浅不一的雀斑。

小舒非常焦虑，潜意识里一直为雀斑烦恼，认为这是自己容貌的一个瑕疵。时间长了，甚至因为这些深深浅浅的斑点变得敏感，有时别人只是被她容貌吸引而多看几眼，她也觉得是因为这恼人的雀斑，于是越发焦虑，越发自卑。

同样长着不少雀斑，小曼则毫不在意，坦然面对别人的目光——哪怕那真是因为雀斑。她参加各种户外运动，积极与人交往，人也变得越发阳光自信，甚至有时会完全忘了雀斑的存在，偶尔意识到这一点，也会觉得是自己的一大特色。

雀斑好吗？很难给出具体而标准的答案。我只知道，目前的医疗手段对于雀斑效果相当显著。然而我真正想说的是，一个人对待雀斑这种问题的态度，可以由内而外转化为一种外在的精神风貌，而这种风貌，可能就属于我们所谓的气质。

有气质的人，总有些相似。他们松弛、自信，不会过度执着于某些细节，最重要的一点，他们爱自己，爱自己的一切，无论是别人眼中的优点还是缺陷。他们泰然自若地接纳自己的不足，或者换用更好的说法，接纳自己的特征，拒绝为这些特征贴上世俗的标签。这种全然的接纳，又让他们变得更加松弛而自信。

于是，在别人眼中，更显出一种独特的气质。

我甚至觉得，在整体表现上，这种气质之美和身材、体态几乎同等重要，远甚于骨相美与皮相美，在一打眼之间，就极具吸引力。

然而，作为一个整形医生，很抱歉，我必须得说，这种气质上的美感根源在于内在之美，需要长时间的滋养和修炼，不是去一两次医院就可以获得的。

反而是在医院之外，如果你愿意花费心思，为自己挑选一些配饰，能在一定程度上为自己的气质之美加分。

建议五：搭配一副适合自己的眼镜。

在你能想到的面部饰物中，眼镜的重要性可能远大于耳环或其他，这方面有不少文献支持，但被很多人忽视了。

一副符合自己风格的眼镜不仅可以掩盖鼻子不高、突眼或眼睛无神等问题，更可以突出眼睛的视觉效果。简单而言，我们会把眼镜视为眼睛的延伸，如同双眼皮一样，故而眼镜可以扩大眼睛在面部的视觉占比。

搭配符合自己风格的眼镜，还可以大大提升气质，彰显自己的个性。

一项研究表明，佩戴眼镜可以增加男性的能力评分，而且这一因素对分数的提升大于任何其他面部特征，甚至大于所有面部配饰之和——不过，这项研究只有男性受试者参加，并不能代表女性的意见。

男性佩戴眼镜确实会影响他人对其能力、可信度以及智力的评估。在一系列实验中，佩戴眼镜的男性往往被认为更聪明、更值得信赖，但同时他们的吸引力评分可能会略低于未佩戴眼镜的男性。具体而言，眼镜，尤其是全框眼镜，能让佩戴者显得更加专业和可靠，这种视觉效果通常与和智力相关的刻板印象吻合——佩戴眼镜会引导观察者的注意力集中在眼部区域，使人更容易形成对智力和信任感的积极评价。而无框眼镜有所不同，在增加可信度的同时，不会显著降低佩戴者的吸引力。

综合来看，尽管佩戴眼镜可能稍微降低外貌吸引力评分，但可以大大增强佩戴者在智力和能力方面的外在表现，在特定情境下，比如在面试时或专业场合中，佩戴眼镜可能带来正面效果。

其他的配饰对颜值和气质的提升也有帮助，但可能并没有想象中那么巨大。

建议六：尝试佩戴耳饰和口罩。

耳饰可以在一定程度上增加耳部视觉比例，同样有显脸小的作用，最近流行的"精灵耳"配饰就是这个原理。然而在这里，我更想指出的是如何改善贴面耳的问题。所谓"贴面耳"，就是耳朵几乎平贴颅面部，正面几乎看不见耳朵轮廓。应对这种问题其实很简单，在耳后贴一个耳夹就可以很好地改善，然而目前的耳夹大多不够舒适，所以只能限于在一些重要场合中佩戴。

至于口罩，如今街上戴口罩的人并不多，但前几年不得不戴口罩的时候,很多人可能已经发现,口罩可以给颜值加分。

之所以会有这样的感觉,很大程度上是因为口罩能够遮盖亚洲人常见的两种面部缺陷:

一是下颌后缩。尤其对于男性,下颌后缩会大大减少成熟感,严重影响气质。有了口罩的遮挡,自然会大有改善。

二是凸嘴。这种特征在整形学上称为"鸟嘴征",时常会和下颌后缩同时出现。正常情况下,嘴唇的最突出点位于鼻尖到下颌的连线上,或稍微靠后,但下颌后缩外加凸嘴会导致嘴的突出点超过这条直线,这会大大影响一个人的侧颜气质。而且,这种"不美"是有生物学和进化心理学基础的,因为这种特征往往对应真正的疾病——舌根后坠或睡眠呼吸暂停综合征,前者是舌头因为肌张力减弱而向咽腔后坠,阻挡气道,导致呼吸不畅,甚至窒息,而后者更是可能危及生命。

口罩确实可以遮盖这些问题,但可惜的是,它和普通配饰不同,不可能时时刻刻佩戴。所以,要想更彻底地解决下颌后缩和凸嘴的问题,还需要口腔科的介入或玻尿酸注射,这又回到前面章节的内容了。

当然,要提升个人魅力,除了上面的几条建议,化妆的重要性无须强调。化妆是一个大学问,我不是专业人士,无法细说,但有一点提醒:学会一些化妆技巧,不管男生女生,给颜值加分的程度可能不亚于一次小手术。

以上大概就是我能想到的，在不去医院的情况下变美、提升吸引力的技巧。也许不够全面，毕竟生活美容并非我的专长，但即使稍微应用一下这些技巧，也可能带来不小的改变，甚至会有极大的惊喜。无论最终你是否会接触医美，这些改变都足以让你变得更自信、更从容，并且对于到底什么是美，有些不一样的理解。

如何提高下一代的颜值

除去一些因先天畸形而不得不做手术的案例,我见过年龄最小的求美者只有十一岁,还在读小学,来看诊也不是她本人的意愿,而是被焦虑的母亲硬拖着过来,要在小学毕业时做双眼皮。

我断然拒绝。

和那个女孩谈时,她完全懵懂无知,反而是她母亲喋喋不休,一再找我,非要给女儿安排手术。面对这种情况,身为整形医生的我往往十分无奈。选择手术,有违自己的原则;但拒绝,又会面对来自家长的各种压力。而且往往你不做,自然会有别的医生给她做。

那么小的孩子,她面临的风险谁能承担?无论早年是谁做的选择,后果最终还是要落在她自己身上。

那么,可能有人会问:孩子真的不适合过早做整形手术吗?

我的答案很明确:的确不适合。

下一个问题是,如果自认为确实存在需求,到底要到几岁开始整形？有没有一个恰当的年龄标准？

我个人的原则是：青春期之前的小孩，只做畸形整形，除此之外的整形美容手术一律不做。为何？因为在进入青春期后，小朋友的身体会快速发育、急剧改变，而且这种改变往往无法预料，在此之前做整形不仅没有必要，还可能带来巨大的风险。

至于青春期到刚刚成年的这段时间，如果只是家长主张，孩子本人并没有强烈的手术需求，那我也一律不做。作为医生，永远应该把受术者的意愿排在第一位，即使他们没有独立的签字权。

问题仍然存在。如果有家长愿意接受上面的意见，选择回避风险，不做手术，却还是为孩子的颜值焦虑，怎么办？有没有什么非手术的方法可以让孩子变得更好看？

那必须有，也确实有。

一

说起改善青少年体态的最佳方法，那一定是运动。

如今青少年普遍功课压力很大，对于大部分孩子来说，没有多少时间，更没有多少心情进行体育锻炼。不过，因为各地的体育成绩已经计入中考总分，所以大家对体育的重视程度相对前些年有所提升。

实际上，身体素质的提高、健康体态的养成，对任何人来说都是一生必修的功课。如果孩子能积极进行体育运动，收获的可能不仅仅是完美的体育成绩，还有颜值提升的意外之喜。

游泳：将游泳排在推荐的第一位，有我个人的主观成分，然而实际研究也证明，相对于其他项目，游泳的优势相当明显——游泳几乎是全身各部位都在参与的一项运动，而且一般不会造成关节损伤或肌肉损伤。

因为水的浮力抵消了重力作用，游泳对放松脊柱和四肢的效果非常显著，长期坚持游泳的人，肌肉会呈长条形而非粗短的块状。同时，游泳还可以让核心肌群得到锻炼，使身体具有较为纤长健美的线条。在平时的体育节目中，我们也不难见到，所有运动员中，游泳选手的身材是最优美的，而且富有柔韧性。

在青春期，适当的游泳运动还能刺激身体的各个关节，促进骨骼发育和身高增长。

田径：各种田径项目同样是很好的运动，最简单的莫过于适当的跑步训练。家长可以每周陪孩子慢跑三到五次，每次一到五公里（注意循序渐进）。这样的运动强度，对任何没有基础疾病的人都是合适的。跑步同样可以锻炼核心肌群，而且参与运动的肌群也比较全面均衡。经常跑步的人，肌肉线条会比较流畅而富有弹性，体态自然更加健美。

跑步还有一个附带的好处，因为地点通常是在户外，所以增加了孩子的光照时间，而适当的光照可以帮助孩子预防近视。

其他运动：其他各种技能类的项目也是可以的，只要运动量适当，都对身体有益。

而在改善体态甚至心理状态方面，运动的作用经常被人轻视。眼下，很多孩子小小年纪就患上抑郁症，这和缺乏户外运动不无关系。运动不仅能让青少年身体变得强健，更可以磨炼意志、塑造性格，对容貌和气质的影响可以说是由里到外的。

运动项目方面也有些特例。我不建议孩子过早进行健美或举重等高强度负重运动，除非出于专业发展需要，并有专业教练指导。这些项目很容易造成孩子在运动中受伤，而且锻炼的肌群过于集中。通常来说，这类运动不利于孩子骨骼的均衡发育。

低强度的力量训练是可以的，但也要在专业指导下进行，比如使用自身体重训练（如俯卧撑、引体向上）来提高力量，而不是依赖高强度的负重训练。关键在于通过适度的训练增强身体素质，同时保证安全。

二

或许和许多人想象的不同，除了父母的遗传、居住环境、饮食结构这些明显的因素之外，一些看似不起眼的小习惯也会对面部容貌造成重大影响。

口：很多孩子会有一个不良习惯——张口呼吸，包括平时和睡觉时，后者更难以发现，而张口呼吸几乎对整个面部轮廓都会造成影响。

如果孩子习惯张口呼吸，而且有严重的鼾声，或者孩子自己感到睡眠中有呼吸暂停、憋闷的情况，请一定及时到五官科就医，这有可能是呼吸道病变。然而如果仅仅是因为习惯，那及时纠正就非常重要。

正确的呼吸方式最好从小就注意引导。通常，吸气应完全由鼻子来完成，有时因为种种原因，孩子可能形成在睡觉或平时用嘴呼吸的习惯，这种呼吸方式容易造成上颌骨过度发育，进而导致牙齿外突、下颌后缩等问题，也就是我们通常所谓的鸟嘴征。除了影响面容，这种呼吸习惯还容易引起扁桃体炎症及咽部炎症。

如果存在这样的情况，家长可以引导孩子用舌尖顶住上腭——大概上门牙靠后一点儿的正中位置，稍稍用舌尖发力。经常这样练习，可以在一定程度上改善舌根后坠和张口呼吸的问题。还有一个方法，但一定要谨慎使用：找一卷医用胶布，每天在孩子睡觉时把嘴轻轻贴住，但只贴一节，而且要纵向贴、两侧留有缝隙，不要横向把整个嘴唇都贴住。这样纠正一段时间，孩子可能会重新习惯用鼻子呼吸。

眼：双眼皮可能是很多人最想做，却又没有勇气去做的整形手术之一。对于刚进入青春期的孩子，如果非常想要拥有双眼皮，建议试试双眼皮贴。据说有的人连续使用几个月还可能形成比较持久甚至永久的双眼皮。

不过需要特别注意，使用双眼皮贴最好不要超过半年。此外，一定要小心粘贴方式，否则容易引起倒睫——也就是睫毛位置异常，导致睫毛摩擦眼球，严重的甚至可能导致上眼睑瘢痕增生。

耳：如前文所述，耳朵的问题最常见的其实是贴面耳。对于青春期的少男少女来说，佩戴柔软的耳夹就可以适度改变。针对耳朵，目前的手段所能做的不多，好在耳朵的问题本身也不多。

鼻：在青春期，鼻子的外形是部分可塑的，虽然相关医学论文和确凿证据不多，但大量报告显示，稍微按压鼻根部，可能会让鼻子发育得较为高挺。

我个人理解，这或许和鼻骨发育有关。青春期是骨骼发育的第二高峰期，适度按压可以促进骨骼定向发育，原理和锻炼刺激有些类似。

具体的按压方式和部位可以参考眼保健操中"按压睛明穴"一节，只是力度可以稍微大一些。

三

为了劝阻某些焦虑的家长，我有时候会说："孩子这个情况归根到底还是家长的问题，不是说你们提供的基因不好，而是干预得太晚，现在才想起来，已经来不及了。"

这虽然是玩笑话,但单从字面上来讲,其实是对的。在此,我要向家长,特别是准家长们发出呼吁:如果你们真的十分在乎孩子的容貌,记得在婴幼儿时期下手,不要等孩子上了小学或者青春期才想起来改变。

婴幼儿期是干预孩子容貌的最佳时段,因为这个阶段孩子发育最快,如果养育得当,的确可以改善孩子的颜值。

一般人很难想到,婴幼儿期改善颜值最重要的一点可能是改善头型。

作为一名中国的整形医生,我看过大量黄种人的头型,很多较为宽、扁,而白种人的头型往往长而圆,这除了基因的影响,还与婴幼儿期家长的养育习惯有关。

西方人喜欢让孩子趴着睡,东方人喜欢让孩子仰面睡,睡眠姿势对头型发育有较大影响。

仰面睡时,孩子的脑袋倾向于向两边生长,也就是变平、变扁。然而趴着睡时,婴儿为了呼吸,脸会自然侧向一方——你想象一下,自己趴着的时候,脑袋一定是向左或向右的。这时候孩子的脸更容易变窄、变小,脑袋的前后径,也就是额头到后脑勺的长度变长,头型就会比较圆润。

当然,为了安全,在婴儿趴着睡的时候,周边最好有清醒的大人。如果你们担心夜间孩子趴着睡影响呼吸,那可以在白天周围有人的情况下,尽量让孩子趴着睡,脸侧向一方,这样起码不至于让颅骨异常生长。

在婴幼儿期，食物的软硬程度对脸型也有影响。

我们主观上常常觉得，北方人脸型普遍偏大，南方人脸型则稍微显小，尤其是下面部。研究表明，南北方汉族人头面部的具体测量数据确实存在显著差异。

而这种差异除了受基因因素影响外，还可能受饮食结构的影响。从传统农业模式来看，北方以小麦为主，南方以水稻为主。不同的饮食结构不仅影响身体发育，还可能间接影响面部形态。

由于历史上受到游牧文化的影响，饮食习惯上包含更多肉类和乳制品，北方人通常体形较为高大，面部骨骼发育更加突出，具有更长、更宽的面部轮廓，眉弓突出，鼻部较高。相反，南方以稻米为主，相对低蛋白、高碳水化合物的饮食结构可能导致南方人体形偏瘦小，面部轮廓较为圆润，五官更加柔和。

关于青少年甚至婴幼儿颜值的非手术干预，没想到一下写了这么多，对此我甚至有一种负罪感：我这简直就是物化孩子，和圈养小动物有什么差别？

然而请听我狡辩——我并不希望青春期或者更小的孩子进入医美领域，写下这些，在很大程度上是给焦虑的家长看的。我恳请各位，不要把过多的焦虑投射给孩子，让他们健康自然地长大才是更好的安排。如果实在想做点儿什么，或许可以按照本节罗列的内容试一试,不做也没关系,做了没啥效果也没关系,真有什么焦虑,还是等他们青春期过后或者长大了再去解决吧。

颜值也许真的很重要,毕竟如果大家都不注重颜值,作为一个整形医生的我也就失业了。然而我经常会一遍遍劝退一些求美者,特别是家长们。很多时候,人们太看重颜值,反而忽略了颜值之外的东西。教会孩子善良、温柔地对待这个世界,并一直抱有热情和好奇,可能才是真正该给孩子的礼物。

怎样才能有个好皮肤

如果你架起手机、拿起话筒,站在街头采访路人,就问一个很简单的问题:什么才是好的皮肤?每个人的答案肯定不尽相同,但我敢说,重复率最高的回答肯定是:白!

或许你也可以问问自己,最好看的皮肤是什么样的?第一反应是不是"白"?

相当多的国人以白为美,这是特定地区的特定文化背景造成的,无可厚非。但如果要说白就意味着最好的皮肤,在我们整形外科看来,却是最大的误解。

医学上的好皮肤,是以健康为标准的。

不妨想象一下,如果你要买一张真皮沙发,什么样的皮质会让你感觉舒适?

光滑、细腻、均匀,弹性十足,张力满满,最好再带着迷人的光泽……

同样的道理,人体面部皮肤的健康标准是:均匀红润,水分充足,水油分泌平衡,细腻而富有光泽,光滑而充满弹性,无明显色斑,面部皱纹程度与年龄相当,能承受一定的外界刺激,对日光反应正常。

健康的皮肤才是好皮肤,而要拥有健康的皮肤,定期保养必不可少。本节就准备介绍一下应该如何打造并保持这样的好皮肤。

在此之前,我们先了解一下皮肤。

按照佛家的经义,相对于灵魂,身体这样的皮囊不重要。而皮肤只是这副皮囊的"皮囊",那就更属于等而下之的外相。好在科学的看法不是这样的,作为人体最大的器官,皮肤其实很了不起。人的皮肤完整展开之后面积可达2平方米,这才能将所有的内脏、骨骼和血肉包裹其中。皮肤上还具有数亿个神经元,时刻为我们监测着周遭的一切,在阻挡外敌的同时,还可以借助排汗帮我们控制温度。

细想一下,其实每个人都是宫崎骏笔下那座属于哈尔的移动城堡,皮肤就是这座城堡的城墙。而在这片城墙上,仅仅1平方厘米的指尖就拥有2500个感受器。这些高密度的神经感受器使得指尖在日常活动中发挥着重要作用,让我们可以完成写字或使用手术刀等精细动作。而体会一花一叶的触感,感受火之热情或冰之冷酷,都离不开皮肤上的感受器。

这片如此敏感的城墙大体可以分为三个层次,从外到内依次是表皮、真皮及皮下组织。

表皮算是城墙上的包砖,平均只有0.1毫米厚,最厚的脚部皮肤厚度也只有几毫米，然而表皮又和包砖不同，表皮细胞的更新太快了，每分钟内我们身体脱落的表皮就高达40000片，正是这些不断自我牺牲的皮肤细胞为我们抵挡了额外的紫外线、过敏原、刺激物，以及各种各样的病原体。

即使是只有0.05毫米厚的眼睑皮肤表皮，也有四层结构，从外到内依次是角质层、颗粒层、棘层和基底层。基底层细胞形成之后，会逐渐向上推移，成为角质层细胞，最终脱落，这整个过程大概需要四周。所以可以这么说，平均每四周，我们看起来几乎毫无变化的皮肤，实际上都焕然一新。

作为皮肤最外层结构的最外层，角质层上会分泌一种酸性保护膜。这层保护膜不仅有杀菌消毒作用，其本身的微生物平衡还可以帮我们抵御痤疮丙酸杆菌这类病原体的入侵。而天然弱酸性的汗水流过，恰恰犹如定期刷酸，保护着这层厥功至伟的保护膜。

所以，皮肤保养的过程中，切忌过度使用碱性肥皂清洁。很多你以为的清洁，恰恰破坏了角质层的酸性结构，进而导致微生物平衡被破坏，于是病原体长驱直入。常有坚持天天洗护的女性抱怨，自己的皮肤还不如从不清洁的男生好，问题的关键就在于此。

再往里的真皮层，犹如汽车的悬挂系统，赋予皮肤弹性和延展性。其中最重要的两种纤维是胶原蛋白纤维和弹性纤维，正是它们的交织错落，构成了吹弹可破的细腻肌肤。我们平常所谓的衰老,很大程度上是因为这些纤维的流失,而各种不良生活习惯——抽烟、酗酒、过度日晒、长期承受压力、睡眠不足、久坐不动和营养不良,全都会加速胶原蛋白纤维和弹性纤维的流失。

大量血管网和神经系统遍布在真皮下层,这里也是整个皮肤对疼痛最敏感的地方。甚至说,精神和心理因素也会影响这里的健康。

研究表明,情绪对皮肤健康有重大影响,尤其是对真皮层。真皮层是皮肤的中间层,包含胶原蛋白、弹性蛋白、血管和神经末梢等重要成分。长期的情绪波动,如压力、焦虑和抑郁,会通过多种机制影响皮肤。比如,高水平的皮质醇分泌会导致胶原蛋白分解加快,进而破坏真皮层的结构;引发血管收缩或扩张不稳定,影响真皮层中的微血管网络,导致血液循环不良,进而影响皮肤对氧气和营养的吸收;加剧皮肤炎症,导致痤疮、湿疹等炎症性皮肤病发作;使受损皮肤组织修复速度减慢,导致皮肤变得薄弱、易损。

真皮层再往里的皮下组织,最值得说的是脂肪——总是被很多人视如寇仇的东西。

众所周知,过多的脂肪影响健康,然而脂肪也可以为我们保暖,并减少外界的伤害。脂肪分为两种——棕色脂肪和中性脂肪。棕色脂肪可以简单理解为有益脂肪,它不仅可以增强新陈代谢,甚至可以燃烧有害脂肪,可惜其含量非常有限。好消息是，有证据显示，低温环境可以增加棕色脂肪比例，也许你只需待在18℃左右的环境中，就可以有效减脂。

以上就是对皮肤结构的基本介绍，有了这些认识，再看各种日常护理措施，理解起来就简单了。

对皮肤来说，最简单的日常保养无非三类：保湿、防晒、清洁。还有两个间接的保养措施：控制饮食、保持愉悦。

保湿和清洁应该一起说，其实只要多做合理清洁，保湿便不是重点。

清洁最重要的是不要用碱性制剂清洁皮肤——无论肥皂，还是洗面奶，都不要用碱性的。如果长期使用碱性清洁产品，角质层上的酸性保护膜会被破坏，各种皮肤问题便可能接踵而来。无论护肤品广告怎么宣传，对于清洁和保湿，我们都要首先考虑保护整个角质层的完整。

就像刚刚提到的，很多时候可以观察到一个有趣现象，一个五大三粗、显然对皮肤照顾不周的男子，却拥有令很多女生羡慕不已的健康皮肤，究其原因，便是这些男生并不注重清洁，任由皮肤角质层"野蛮生长"，反而减少了许多不必要的伤害，意外拥有"原生态"的健康皮肤。

所以不妨向他们学习，适当减少清洁次数，尽量不要每日化妆。

至于并非重点的保湿，产品种类实在太多。简单地说，可以把所有保温产品归结为四类——水、乳、精华和霜剂。而我们护肤的顺序也应该如此，由稀到稠，一般"水＋乳"的组合对大部分中性皮肤来说已经绰绰有余。

精华和霜剂绝非必需，甚至要特别注意一点：在北方寒冷季节，如果你不想让水分冻伤皮肤，也不想让蒸发的水分带走天然油脂，一定要用非水类霜剂，摒弃水性制剂（成分表里含"水"或"aqua"字样的）。

接下来是防晒——这一步可能比很多人想象的更重要，如果防晒得当，足以解决70%的色斑及衰老问题。

其实我也是做了医生才知道防晒这么重要。且不说合理防晒可以预防大部分雀斑、老年斑和色素痣问题，最重要的是，防晒可以有效延缓衰老。

日光包括紫外线A（UVA）和紫外线B（UVB）波段。简单理解，UVB就是波长为280～320纳米的紫外线，通常只能到达表皮，无法深达真皮，可导致皮肤晒黑、晒伤。因为亚洲特有的审美观，我们目前仍倾向于以白为美，故而日常所说的防晒，主要是针对这一波段进行防护，比如，一般的防晒霜就只针对UVB。

然而波长在320～400纳米的UVA也许才是真正的洪水猛兽，我们也称它为"长波黑斑效应紫外线"。UVA可以直达肌肤的真皮层，破坏弹性纤维和胶原蛋白纤维，改变遗传物质，增大癌变风险，是把我们皮肤晒"老"的真正元凶。

所以综合考虑，我们选购防晒霜时，一定要选择可有效针对UVA波段的防晒产品，否则可能会在没感觉被晒伤的情况下，悄无声息地一点点被晒"老"。

皮肤衰老很大程度上是光老化导致的，所以防晒非常重要。正常亚洲人，户外活动时间每天平均15~30分钟足矣，而且最好是在阳光不大强烈的傍晚或清晨，如果阳光强烈，一定要注意使用防晒霜。毕竟，没有人想提前衰老。

你也许担心，光照不足会不会导致维生素D吸收不足？

紫外线的照射的确可以促进皮肤合成维生素D，但与其以这种方式获取，不如从饮食中得来。所有深海鱼、动物内脏，以及蛋黄和部分菌类，都可以补充维生素D，所以大可不必为了那一点儿维生素D的份额，去把自己晒老。

当然，适当的日晒也是必需的，尤其是对青少年来说。近来的研究越来越能证实，青少年近视眼的成因与每日光照不足有因果关系。另外，适当日晒还可以舒缓心情，是预防抑郁的关键。

饮食方面，无非是均衡营养。为了延缓皮肤衰老，可以多摄入一些含抗氧化剂的食物——比如各类色彩鲜艳的蔬果（蓝莓、草莓、菠菜、紫甘蓝等）。这种效果尚未被确切证实，但不妨一试。

其实我重点想说的是：建议皮肤较差的人少喝或者不喝乳制品。

这很反常识。乳制品（如牛奶）不是很好的营养品吗？的确，乳制品富含人体必需的氨基酸，然而另一方面，过量摄入乳制品与几乎所有的痤疮（平常所谓的"痘痘"）有关，尤其是与脂溢性皮炎的发生呈正相关。

对成人而言，乳制品饮用量建议每天控制在200毫升之内，即使是儿童，也不要超过500毫升。而一旦你长了痘痘，最好和乳制品说拜拜，改用其他食物替代。

同样，这类人应该尽量避免糖类和反式脂肪酸的摄入。这里所说的"糖类"，既包括日常所说的糖，也包括所有的精加工粮食，比如精米、精面及其制品。而要避免反式脂肪酸，主要是拒绝食用劣质奶油和油炸食品。

所以，还是乖乖听妈妈的话吧，少吃糖，少吃油炸食品。拥有美好皮肤，应该比满足短暂的口腹之欲所带来的幸福感更为长久。

从知识和理念上来说，获得好皮肤其实不难：平时注意防晒、注意饮食，适当做好清洁，不要过度干涉皮肤，只在必要的时候给予保护和支持即可。

然而，老生常谈的道理之所以老生常谈，就是因为真正能做到的人太少。如今经济发展很快，人们的物质条件飞速改善，大家面临的诱惑太多，于是皮肤问题仍然是巨大的困扰。

能否抵御诱惑，身体力行这些简单而又明确的"道理"，可能最终决定着皮肤的好坏。实话说，我们医生能做的太少太少。绝对不要相信任何一家机构拍胸脯式的疗效宣传，真正能长期给皮肤带来改变的，仅仅是生活中那一个又一个简单而微小的选择。

问答：或许你也有这样的疑问

无论网上，还是线下，只要是和大众交流的场合，我总是被抓着问一些入门级别的问题。我很感激这些朋友的信任，问题虽然初级，却足以激发我思考，同时又可以让我更好地了解求美者的需求——更不要说还是面对面的方式。

每一个提问者，目光或语气都很恳切，那背后是不可言说的焦虑，这让我感到惶恐，毕竟在简短的言语之间，我对他们的了解相当有限，不可能给出针对性特别强的答案。但反过来看，正是没有针对具体的个人，才会有更广泛的普适性。

问题听得多了，就会发现，大家的需求和困惑还是相当集中的。于是在本书最后，我把大家最关注的那些问题罗列下来，给出一个粗浅的回答，或许能帮助到更多人。

这些问题涉及不少领域，大家各取所需，只看自己感兴趣的就好。问答之中也会涉及一些专业术语，我并未解释，因为，如果对某个术语实在感到陌生，那么恭喜你，大概率，你应该不需要了解这个项目。

问：有没有最适合小白初试医美的项目？如果有，是哪些？如果没有，为什么？

答：我的答案倾向于"有"，而且不同领域有不同的入门项目。

光电类——强脉冲激光（光子嫩肤）。

首先应该强调，不是每个人都需要做光电项目，这种项目犹如锦上添花，只有在实现自律健康地生活（严控糖、奶，多吃蔬菜）和规律作息后，仍然存在需要解决的烦恼时，才有必要做。

但如果非要说一个比较适合大多数人或者医美小白的光电项目，我认为是强脉冲激光，也就是通常所谓的光子嫩肤。

为何这样推荐？

一是因为这样的项目不会造成皮肤破损，没有恢复期，所以只要适当注意防晒就行，这对新手非常友好；二是因为相关设备通常具有不同的滤片，分别对应不同的功能，适用范围非常广，既可以改善肤色，也对脂溢性皮炎和痤疮有一定疗效，运用得当，甚至对提升皮肤、改善松弛有一定的作用。还有一点，即便是没有经验的医生，操作时通常也会从低能量做起，所以造成损伤的报道较少，不容易出大问题。

从这几方面来说，确实适合新手。

注射类——水光针。

对于注射类的推荐，比较让人纠结，因为风险要比光子嫩肤大。

如果非要推荐注射类项目，而且限定比较普适的，我首先想到的是肉毒毒素注射，但斟酌一下，感觉还是应该优先推荐水光针。但请注意，这里说的水光是指无交联水光，如嗨体水光这一类。

这种治疗现在相当流行，以至于很多我认识的小姐姐，自己买注射机、消毒剂和注射剂，在家里给自己打——这是我绝对不推荐的。如果去正规医疗机构注射，水光针注射大抵是安全且具有一定疗效的。医美项目的风险，包含事故概率和事故严重性两方面，在水光针上，两者都比较低，这也是我推荐它的原因。

水光针的疗效，根据剂型不同而略有差异。水光针的基本原理是在真皮层（中胚层）直接补充玻尿酸或胶原蛋白。因为绕开了皮肤屏障，水光针的吸收和改善效果要比涂抹或外敷式护肤品好得多，针对脂溢性皮炎和干性皮肤都有不错的效果。

但同时它也有自己的风险。只要涉及注射，炎症和过敏就不可能完全避开。幸运的是，它的注射层次较为表浅，虽然偶有炎症报道，但通常都可以在一定期限内恢复，不会留下永久性创伤。

如果非要注射，可以从这里开始尝试——注意，是在"非要注射"的情况下。

手术——不做一般推荐。

必须明确一个概念，论创伤性，一般而言，光电＜注射＜整形手术。所有手术项目通常都会在较长时间内留下创伤，即使是最成功的手术，于亚洲人而言，也不可能避开瘢痕问题。所以，如果考虑进行手术治疗，一定要慎之又慎，参阅之前章节，选择靠谱的医生、靠谱的机构，最后，在身体较为健康时考虑手术（避开例假及感冒）。

手术方面，不做一般入门推荐，即使是创伤最小的手术，例如割双眼皮、切眼袋，也可能因为审美差异或者沟通问题，引发不必要的风险。这里只有一个小贴士给大家，就是一般而言，涉及审美取向的手术，风险会比不涉及审美取向的大。比如，同样是小手术，割双眼皮就涉及审美取向，于是综合风险大于切眼袋，如果非得手术，回避风险最重要的一环是术前充分沟通。

问：我想注射咬肌，又担心蛙腮，如何判断自己是否真的需要注射咬肌?

答： 按整形外科的诊断标准，如果颧骨外侧到咬肌外侧连线稍向内倾斜大概十度，可视为符合标准模型。如果向内倾斜零度到十度，患者可自行选择是否注射。如果向外倾斜大于零度或者咬肌向两侧隆出，则符合咬肌注射诊断标准。我在临床中主要是观察在求美者咬牙时我是否能明显触及其咬肌，且其咬肌向外突出。如果有这样的表现，才建议求美者接受咬肌注射治疗。

关于蛙腮,其实不必过于担心,因为通常都可以解决。只需在注射后一周左右反馈给医生,补充注射一定剂量的肉毒毒素即可。

可以解决的问题都不算问题,而咬肌注射最大的风险其实是可能出现面颊凹陷,以及伴随而来的太阳穴凹陷。所以这里有个小提醒,如果发现自己颧骨较高,面颊稍微凹陷,并且脸部脂肪较少,看上去比较消瘦,那应该慎重进行咬肌注射治疗。

如果求美者本就消瘦,再出现面颊凹陷及太阳穴凹陷,会显得憔悴和衰老,呈现出一种"愁苦面容",这在临床上时有发生。解决这个问题并非没有办法,适当注射玻尿酸就行。然而,这本是应该避免的风险。如果不了解这些就盲目注射,之后再反复注射玻尿酸,不仅容易焦虑,在我看来还花了不少冤枉钱,那当然不是什么好事。

问:我想做双眼皮,该做埋线还是全切?有那么多形状,比如开扇、平扇、新月、广尾,看来看去越发分不清楚,到底该怎么选?

答:分不清楚就别分,交给医生做选择就好了。你需要做的,是确认自己喜欢哪种样子的双眼皮,并呈现给医生。

跟你们说个小秘密,很多时候医生做久了双眼皮,会形成自己的风格，根本不会管什么开扇、平扇，一刀下去，怎么好看怎么来。我甚至偏执地认为，对于一个特定的人，只有特定的双眼皮才是完美好看的，如何找到那个曲线，是对医生的真正考验。这考验的不仅是技术，更多的是艺术修养，所以我们才会把时间和精力都用来寻找心中那条最完美的弧度，并且努力用手术呈现出来。这有点儿像米开朗琪罗的创作，那个完美的双眼皮曲线本来就存在，我们只不过是把它呈现出来而已。

至于开扇、平扇这些，几乎没有哪个成熟的整形医生会按照这些模板去套用，即使真的套用，也很难做到完美。假设你冲进手术室，抓住一个正在做双眼皮的医生质问：你这个做的是什么类型，是开扇还是平扇？医生可能会瞠目结舌、哑口无言。不用担心，越是说不出来，越可能是个明心见性的好医生。

问：吸脂和脂肪填充有那么大的风险，我如果真想做，怎么能尽量保证安全？

答： 这个问题我也感到困扰。按我们的安全规范，单次吸脂最好不要超过3000毫升，不然风险就会直线上升。但很多时候，为了追求效果，有些医生的吸脂量会超过这一数值。如果医生本身经验丰富，又有强大的麻醉团队和术后监护配合，那么安全性还是可以保证的。然而不得不承认，整形科发生的重大医疗事故，多半与脂肪相关。

我的建议是，如果尝试减脂塑形许久，仍然无法控制体脂率，或者只想通过吸脂局部塑形，那符合我们手术的范畴。找到正规的机构和医生，在确保吸脂不过量的情况下，可以尝试。

然而如果你把所有期望都寄托于手术，想一劳永逸，我建议你三思，因为即使完成吸脂手术，术后无法配合健康的生活习惯，脂肪仍然可能反弹。

对于脂肪填充，我建议尽量减少填充剂量，因为所谓脂肪填充通常都是在面部、乳房或者臀部，臀部和乳房的脂肪填充如无特别必要（比如上镜或拍摄需求），建议不要优先考虑——乳房填充更适合用假体，而臀部塑形可以靠健身。即便是面部脂肪填充，总量也一定不可过高，尤其是上面部。因为大多数正常人的上面部以骨性结构为主，如果脂肪填充过量，破坏了原有的体表标记，不仅会让面部显得臃肿，更严重的是会导致失真——现在流行用"馒化"来形容，就是指面部肿得像馒头。总而言之，这种以失去真实结构为代价的过量填充，我不太建议。

面部填充，纯脂肪总量尽量不要超过40毫升，这是我的个人见解，并未形成行业准则。

问：如果我想隆鼻，该如何判断用什么方式？是选择玻尿酸注射隆鼻还是单纯假体隆鼻，抑或肋骨隆鼻、超肋隆鼻？

答：就创伤性而言，玻尿酸注射隆鼻＜单纯假体隆鼻＜综合隆鼻（使用肋骨、耳软骨或人工材料）。在此特别说明一下，只要是有外部切口的隆鼻术，全都属于综合隆鼻范畴。

那么问题来了，是不是创伤越小越好呢？

其实也不然，前两种方法创伤虽小，然而效果也相对局限，只适合鼻头形状不需要过多改变、仅仅希望改善鼻背高度的求美者。

我早前反对玻尿酸注射隆鼻，然而随着材料工艺的提升，我保留个人意见，在临床中也开始进行玻尿酸注射隆鼻。此种方法创伤最小，几乎没有恢复期，但同时问题也很明显：效果持续时间太短，通常也就持续一两年。而且如果材料选择不当，比如选择了分子量过小或交联度低的玻尿酸，多次玻尿酸注射隆鼻后可能导致鼻背玻尿酸或残余交联剂弥散，进而导致整个鼻背变宽、变平，这是非常值得在注射前关注的问题。

单纯假体隆鼻也是利弊并存。这种手术无法过多改善鼻尖形态，但因为鼻部整体提高，鼻尖也有相应抬高，而且它的优势是可以长期保持效果。然而这毕竟是手术，有一定的创伤性（哪怕不大），需要一定恢复期（通常肿胀持续三至七天，贴胶布或佩戴鼻夹板也需要大概这么长时间），对医生的经验和审美要求较高。

值得一说的是，熟练的医生做单纯假体隆鼻，通常在三五十分钟内就可以完成，经验特别丰富或性格较果敢的医生，甚至可以在二十分钟内完成。较短的手术时间，对你而言就意味着较高的舒适性和较少的痛苦体验。

综合隆鼻比较复杂，一般需要由三四名医护组成的团队协作完成，对医生的经验、审美和技术要求最高。这种手术优势非常明显，如果你鼻头扁平、圆钝，或者你是狮子鼻、蒜头鼻——总之，如果你对鼻头非常不满意，这种方式无疑是最适合的。可它的劣势同样显著，比如手术耗时长（需要三至五小时）、风险较高、大概率需要全身麻醉和住院。恢复期是一到两周，这需要你有充足的休息和恢复时间，也需要强大的心理建设能力。

鼻子的改变对五官的影响可谓巨大，不过，和谐与自然其实更贴近当今审美趋势，过犹不及，千万不能因为单纯觉得鼻子不够高、挺、翘，就盲目去隆鼻。如果你审美取向偏向东方，喜欢自然的风格，那么也许单纯隆鼻和玻尿酸注射更适合你；反之，如果你审美取向或脸型偏向西方，喜欢有较强的轮廓感和骨性体表标志，又或者对自己的鼻头感到特别困扰，那么也许可以考虑综合隆鼻。

综合隆鼻属于整形外科手术中较为复杂的一种，一旦施行，损伤会较大，也难以完全恢复原状，如果决心施行此手术，前期准备非常重要。

毕竟，这可能是一辈子仅此一次的事情。

问：你对玻尿酸注射后"馒化"怎么看？那么多的注射剂型，该如何选择？

答：之所以会"馒化"，一定是因为注射层次不当，或者一次性过量注射。这和脂肪填充类似，追求把所有"凹陷"填平，不关注正常解剖结构和骨性体表标志，这样的注射必定会让皮肤表面失真，让求美者如同戴上面具一般，失去一切自我特点。高级的美并不是没有凹陷，更不是一味地追求"白幼瘦"，每个年龄段的人都具有各自的面部特征，适当保留一定的凹凸度和形态特点，不仅不会减分，反而会增加辨识度，让人觉得真实而优雅。

取法中庸也许是古人留给医美最好的智慧。想找到抱有这种审美价值观的医生，或许要费些周折，在面诊时，你要注意观察医生的言行谈吐，同时留意该机构或医院内工作人员的容貌。如果医生在沟通中一味地谈量，周围工作人员全都一副整形过度的样子，那这样的地方一定慎重选择。

至于那么多的注射剂型的选择，其实我也很头疼。而且这个问题如今越发复杂，每年新上市的注射剂型不胜枚举，我们三甲公立医院因为慎重和其他原因，反应总会慢上半拍，跟不上所谓的市场热点，这的确有所损失，但在我看来却是"塞翁失马，焉知非福"，至少避免了很多不必要的问题。

在注射剂型的选择上，我比较保守。我认为每个人都不应该争做小白鼠，那些一夜爆火的新"产品"，我们可以先尽量观望，毕竟不去进行这些注射肯定不会出事，大不了就是维持现状而已，但如果接受了不安全的注射治疗，想再完全去除，就难于登天了。

具体说说胶原蛋白，这是玻尿酸最大的一个替代品。胶原蛋白确实有些优势，它较少出现丁达尔效应，与人体契合度更高，同时又有一定的吸水性，术后效果可维持较久（两年或以上）。然而我在注射过程中也发现，它有两个最大的缺点：

一是无法推移。注射玻尿酸后，可通过手法进行塑形，而如果注射的是胶原蛋白，则几乎无法实现这一点。也就是说，打进去如何就如何，成败只有一次机会。这非常考验医生的经验和手法，然而胶原蛋白上市又没有太久，我非常怀疑是否有医生拥有绝对充足的经验。

二是截至目前，基本没有安全可靠的溶解方式。注射玻尿酸之后，如果效果不佳或不满意，完全可以即刻注射溶解酶，效果立竿见影。然而注射胶原蛋白后，并没有这种溶解剂可用，万一注射效果欠佳，只有等待其被慢慢吸收，那无疑是痛苦而煎熬的。

很难用一句话断言哪个产品最好、哪个产品不行，我们只能在充分了解它们的特性之后，尽量做出一个让自己将来不至于后悔的决定。

问：抗衰适合用什么仪器？哪种效果较为显著？是不是越

早抗衰越好？

答：现在很多宣传动辄说什么"越早抗衰越晚老，抗衰要从娃娃抓起"，这不疯了吗？有的机构甚至给青春期小朋友做抗衰项目——十八岁之前还没发育完全，怎么可能需要抗衰呢？这种不必要的干预只会加速机体衰老。

一般人真正开始皮肤松弛、衰老，是在二十五，甚至三十岁之后，在此之前，完全不需要考虑抗衰治疗。这是接受所有抗衰治疗前必须明确的概念。

其实抗衰不一定只靠仪器，如果把衰老定义为皮肤松弛、皱纹增多和胶原蛋白流失，那完全可以把所有可以改善松弛、皱纹和增加胶原蛋白及其类似物的治疗统称为抗衰治疗。

我把抗衰治疗分为以下几类。

光电提拉类：比如热玛吉、热拉提、超声炮、超声刀、Fotona 4D、5D胶原光、7D聚拉提及类似产品，这些项目通常可以提拉中下面部1～3毫米，一年做个一两次即可。在众多项目之中，选择一个即可。并且要知道，光电提拉类项目不是越做越紧致，其治疗存在边际效应递减的情况，通常连续治疗三五次之后，效果就不明显了。另外，该项目仅适合三十五岁以上人群——或者放宽一些，三十岁以上人群。

光电类：这里特指改善肤质、色斑的产品，包括各类强脉冲激光（光子嫩肤）、皮秒/超皮秒激光，以及调Q激光。强脉冲激光不仅可以改善色沉、色斑，还有一定的提拉紧致作用，对刚入坑的医美小白来说，可作为首选，适合二十五至八十岁人群（其实没有上限），一年可做四五次。调Q激光和皮秒/超皮秒激光，更侧重于治疗色斑，提拉紧致效果一般，我将它们强行列入抗衰治疗项目中，实在是因为被太多人问及，就一并介绍了。

注射类：可分为肉毒毒素注射、中胚层注射和玻尿酸/脂肪注射。

先说说肉毒毒素，肉毒毒素抗衰和除皱的功效绝不亚于各类激光，但比较考验医生的注射手法。这类治疗如果取法得当，可以明显改善下颌缘轮廓、双下巴和各类皱纹，而且通常价格比提拉类激光亲民很多，在1800～3500元之间，一年可做一两次，适合三十五岁以上人群。

中胚层注射是"天坑"、重灾区，如果对其没有非常深入的了解，我仅推荐基础水光针注射。对于这些注射类治疗，要明确一个概念，越是神乎其神的治疗越坑人，越是标新立异的材料越可能包含风险。基础水光针注射一年可做五次，预期减龄一两岁，适合二十五岁以上的求美者。

最后就是玻尿酸/脂肪注射，和肉毒毒素配合，这种治疗可能带来大幅度的年轻化改变。凹陷部位的适当注射，可减龄两到五岁，两到五年做一次便可，脂肪注射甚至一辈子只需要做一次，通常适合三十岁以上人群。

划重点！脂肪注射也是刚介绍的所有抗衰治疗中风险最高

的，万一操作不当，可能引起血管栓塞，造成非常严重的后果。一定要找到正规医疗机构进行治疗，或者说得干脆一些，我甚至觉得所有脂肪类注射治疗只适合在三甲医院进行。

最后分享一个抗衰小方法。如果真的想每年花一定时间和精力进行年轻化管理，可以把我觉得疗效最为显著且安全性最高的几种治疗结合起来，也就是强脉冲激光（光子嫩肤，简称"嫩"）＋肉毒毒素注射（简称"毒"）＋基础水光针（简称"水"）。如果一个月做一次，大概可以按照下面的顺序安排一年治疗周期内的十二次诊疗：嫩水嫩水嫩毒，水嫩水嫩水毒——是不是挺好记？

但这只能作为参考，真正的治疗需要在面诊专业医生之后，在他们的认可和指导下进行。

上面这些问题，都是大家最为关注的，如果展开说，每个都可以单独成篇，然而去繁求简，我尽量简明地在此一一回复，是希望可以让大家快速地领会。如果不能完全解答你的疑问，那你还是要咨询自己的医生。

永远不要忘记，求美本来就是一种患者和医生的共同修炼。

后记

人生如果重来一次,我仍会选择整形外科医生这一职业吗?

人生如果重来一次,你,仍会选择进行那项激光、注射或者手术吗?

行医那么久,我劝退了许许多多焦虑的人,我总是让他们回去考虑一下,多查查资料,多打听打听。一而再,再而三,目的就是想让他们知难而退,回归正常的生活。

史铁生先生的《我与地坛》有这样的片段:一个和他一同住院的小朋友因为淘气造成意外,伤及骨髓,四肢肌肉都在萎缩,他瘫痪在床。才刚七岁的他总是瞪大双眼望着家人和医生,一遍遍说,我知道错了,下次再也不敢了!同为病友的史铁生感慨万千,小朋友还以为这次跟以往一样,只要真诚认错并且得到原谅,所有问题都能解决。

"他不知道,他还不懂,命运中有一种错误是只能犯一次的,并没有改正的机会。"

在医美领域也是一样。有些事情一旦发生,是没法儿重来的；有些伤害一旦形成，就可能伴随终生。

写下这么多故事，好像一直在劝退你。不，我并不总是在劝退，我只希望你保持理性——当你走进一家医院、一个机构，应该有人提醒你，保持理性，克服焦虑。

人在焦虑和恐惧之时做出的任何决定，都可能导致日后的追悔莫及。很多时候，这些决定不可撤销，不可反悔，不能重来，就好像史铁生先生的小病友一样。

我错了，我下次不敢了。

可，来不及了。

所以，在本书的最后，我仍然郑重提醒各位求美者，你要注意观察、反思自己的情绪。

你做的这个决定，是自己内心真正想要的，还是浏览了许多网站、帖子或者网红、明星的分享而心血来潮？放在一年前，你会为这个事情焦虑吗？五年前，十年前呢？如果过去不会，现在焦虑的原因是什么？如果确实在自己身上观察到客观的变化，这种焦虑或许较为理性，而如果你所谓的变化不可测评，甚至压根儿就没有变化，只是因为别人都这么说、这么做，所以你也想这么做，那我劝你三思。

还有，你要为自己的选择负责。

我见过太多术后埋怨老公、埋怨朋友，甚至把所有情绪发泄到医生身上的案例。医美，应该是医患纠纷最为严重的医疗行业了，其中大多数纠纷并无法客观定责，因为评价的主观性太强，患者的个体差异过大。所以在进行任何一项医疗行为之前，你都要有足够的认识，才能充分了解它可能产生的问题和后果，并且确认自己有能力、有决心承担。如果连这都没做到，那说明大概率你还没准备好。

听我的，先别急。

停下来，再想想。

人生那么长，何必急于一时？

对于每一个走进诊室的患者或求美者，我都希望自己能给出最中肯的建议，用最小的伤害解决问题，抚平他们的忧虑。有时总感觉，整形医生的工作，一半在操作或手术，另一半在安慰与共情。我的确也有一张心理咨询师证书，那是在大学时候考的，也许冥冥之中，一切早已注定。

我想在这本小书里说说心里话。扪心自问，我做到了。我能做的就是尽量真实、尽量坦诚，让所有希望了解医美的人能知道，作为医生的我们是怎么想的，我们如何思考、如何工作。

我只希望你看完这本小书后，在医美决策上，能认真为自己负责，不受他者左右。

我只希望你知道，这一次，来得及。

本书主要面向对医美感兴趣的大众读者，采用了非虚构的叙事方式，故事性较强。初稿中曾附有多篇科学文献，在编辑的建议下，均已删去，但这不代表我放弃了对医学的严谨和客观的追求。受限于个人见识和水平，这本小书必然会有很多不足，恳请各位同行、前辈和读者多多指正。

行医至今，要感谢的人太多，值得怀念的事情也太多，而发生的所有这些事情，造就了今日的我。首先，也是至关重要的，我要感谢我的父亲郭耐强医生，没有他的引导和鼓励，我不可能从事这个行业。尤其在诸多迷茫和怀疑时刻，他的许多经验和故事伴我度过最艰难的时光。感谢他以及所有整形外科前辈们的努力，让我们后辈有了许多榜样和标杆。我的母亲李杏在写作中给予了我无限支持，她对我自幼持续至今的写作梦提供了无限的包容和理解，本书的许多细节修订，也得益于她的付出。

感谢我的助理黄女士，她不仅是我每篇故事的第一位读者，也是一名无比得力的助手，得益于她的细致、谨慎与出色的统筹安排能力，这本书才得以诞生。我无法想象如果离开了她的帮助，单靠我自己，能否抽出如此大块的时间写作。

厦门大学附属第一医院思明院区是我的根据地，在此，我真正蜕变成了一名成熟的医生。非常感谢许春鹏主任的培养与锻炼，没有他的信任与包容、提醒与鼓励，不可能有如今的我，更不可能有这本小书。很难想象一名整形外科医生毫无保留地把"看家本领"倾囊相授，又如此谦逊温和，这在外科医生中难得一见。有这样的前辈领路，于我是无比的幸运与感

后记

恩。翁文馨医生也是最早给我写推荐语的同事，她作为整形外科和皮肤科的跨界人才，对我这本小书有着巨大的帮助。许多知识细节是我们讨论后共同确认的，我们对于专业知识和可读性的讨论更是频繁，这本书的诞生有太多她的功劳。再就是要感谢我们科所有可爱的同事，他们听说我写书，无一不极力支持。本书最初的读者，就是这些可爱的人。

感恩所有遇见和未曾遇见的患者或者求美者，是你们的信任与支持，成就了每个医生。医美有点儿像情侣的双向奔赴，只有我们不断深入地理解与沟通、信任与包容，才能成就每个美的瞬间。我们共同完成了每一次医美的艺术创作，我们一起见证它的缘起、诞生与绽放。为了保护隐私，我在书中全部采用了化名，并对故事的细节做了适度加工。感谢每个故事背后真实的你们，与我共同经历了医美过程中所有的起承转合、悲欢聚散。

云山苍苍，江水泱泱。我们能有如此机遇，更该感激的是那些山高水长的先生。特别感谢福建医科大学附属第一医院王美水教授，他温情的词句始终激励吾辈奋进。特别感激王炜教授，他作为中华人民共和国成立以来最早的一批整形医生，可谓行业内泰山北斗般的人物。能让他为如我一般的晚辈撰写推荐序，我实在三生有幸。

感谢所有为这本书写推荐语的朋友，书不尽言，感恩你们的支持。

感谢我的爱猫元宝女士。因白日忙于工作，无暇他顾，只能深夜伏案。是她不辞辛劳陪伴守候（虽然大部分时间只是在屏幕边上呼呼大睡），一个字一个字地见证了这本书从无到有，终至完成。有时我写得激动，会忍不住把她的脑袋抓过来一顿乱摸，在此深表歉意。如果有下本书，我发誓：一定不扰你清梦。

最后，感谢几位编辑：行距的文学经纪人毛晓秋女士在茫茫人海中发现了我，并促成了这本书的出版，让我感慨于缘分的奇妙。她不辞辛劳的一次次修订和反馈，让这本书臻于完善，不至于半途而废。无论如何感激她都不为过。特约编辑杨运洋先生的细致修改成就了这本书，他在每个细节处的打磨与专业知识的审查无疑增加了这本书的可读性和准确性。浙江科学技术出版社的王巧玲副总编是医学专业出身，在阅读了晓秋女士的书讯推荐后，第一时间来问询，表达了对本书的喜爱和重视，并有条不紊地推进出版流程。能遇见这样几位有眼光、负责任的资深编辑，是我之幸。有了你们，这本书才能和大家见面。

郭子懿
2024年11月于厦门

好好变美知识地图

玻尿酸

- 什么是玻尿酸？　/ 014
- 注射玻尿酸前如何与医生沟通？　/ 029
- 哪些部位适合注射玻尿酸？　/ 030
- 如何避免"馒化"？　/ 262

肉毒毒素

- 肉毒毒素的作用原理　/ 130
- 打肉毒为何要关注喹诺酮类抗生素的使用？　/ 138
- 注射肉毒毒素后发生肌肉痉挛是否正常？　/ 139
- 肉毒毒素可以用于改善哪些问题？　/ 145
- 肉毒毒素注射有什么不良影响？　/ 147

水光针

- 水光针的作用　/ 116
- 水光针注射的风险　/ 120
- 如何避免注射水光针后长小疙瘩？　/ 125

隆胸

- 哪种隆胸方式最安全？ / 176
- 硅凝胶假体隆胸的优点 / 176
- 隆胸手术切口的选择 / 182
- 自体脂肪注射隆胸是更优选吗？ / 185

吸脂与脂肪填充

- 吸脂手术的风险 / 053
- 脂肪填充为何有血管栓塞风险？ / 060
- 如何避免"脂肪液化"风险？ / 186
- 想做吸脂或脂肪填充，如何保证安全？ / 258

色斑

- 各种各样的色斑 / 149
- 黄褐斑为何难以治疗？ / 150
- 超皮秒激光治疗为何会导致色沉？ / 153
- 可以选择药水点斑吗？ / 156
- 调Q激光如何淡化色斑？ / 157

痤疮

- 痤疮是如何形成的？ / 032
- 多囊与痤疮的关系 / 035
- 使用异维A酸治疗痤疮的禁忌 / 036
- 轻度痤疮的治疗方法 / 037

好医院与好医生

- 什么样的医生更靠谱？ / 193
- 如何选择医疗机构？ / 197
- 选择整形美容医生的原则 / 200
- 如何评估医生的整体素质和能力？ / 203
- 不同整形机构之间的差异 / 213

日常护理

- 如何改善体态？ / 221
- 如何改善面容比例？ / 225
- 如何改善容貌气质？ / 229
- 情绪对皮肤健康有何影响？ / 247
- 皮肤日常保养的简单方法 / 248

其他

- 如何应对先天性上睑下垂？　/ 080
- 脂溢性皮炎的治疗　/ 086
- 射频治疗（黄金微针）安全吗？　/ 086
- 唇腭裂的序列治疗　/ 111
- 被淘汰的线雕　/ 167
- 热玛吉、超声刀与Fotona 4D　/ 173
- 适合医美"小白"的入门项目　/ 254
- 注射咬肌有风险吗？　/ 256
- 做双眼皮如何选形状？　/ 257
- 如何选择隆鼻方式？　/ 259